200 Concepts Pour Mieux Réussir

Francesco Mandato

200 Concepts Pour Mieux Réussir

2024
LDA Éditions

© 2024 Francesco Mandato

Édition : BoD · Books on Demand GmbH, In de Tarpen 42,
22848 Norderstedt (Allemagne)
Impression : Libri Plureos GmbH, Friedensallee 273,
22763 Hamburg (Allemagne)
Illustration : Canva
ISBN : 978-2-3224-7812-5
Dépôt légal : Novembre 2024

Sommaire

72. Les gens qui réussissent sont toujours prêts à faire ce que les autres se trouvent trop bons pour avoir à le faire eux-mêmes
73. La connaissance est le pouvoir
74. Le cycle de la réussite
75. Les gens qui réussissent sont toujours trop occupés à faire ce dont les autres sont encore en train de parler
76. Vous pouvez obtenir tout ce que vous voulez dans la vie si vous aidez suffisamment de personnes à obtenir ce qu'elles veulent
77. Réduisez les pensées qui puent jusqu'à ce que la boule blanche devienne plus grosse
78. Dans les affaires, les choses ont tendance à ne pas arriver. C'est à vous de les faire arriver.
79. Soyez toujours en train d'apprendre et de vous améliorer
80. La vitesse du leader est la vitesse du groupe
81. Le succès engendre le succès
82. L'excusite, la maladie de l'échec
83. Ne devenez pas le meilleur dans les choses sans importance
84. Ne pas confondre activité et accomplissement
85. Les quatre étapes avant de faire savoir qui vous êtes
86. L'argent est dans le répertoire
87. Tous les gens qui réussissent font partie d'un système de soutien
88. Ce que vous dites est ce que vous obtenez
89. Être, faire et avoir ; oui, mais dans quel ordre ?
90. Tout ce que l'homme peut concevoir et arriver à croire, il peut le réaliser
91. Vous devenez ou vous obtenez ce à quoi vous pensez le plus souvent
92. A grands pas, ça ne va pas ; centimètre par centimètre, c'est la recette
93. Que vous pensiez pouvoir le faire ou que vous pensiez que vous ne pouvez pas le faire, dans les deux cas vous avez raison
94. La focalisation crée le succès
95. Votre désir est votre ordre
96. Qui écoutez-vous en dernier ressort ?
97. Les leaders sont toujours des lecteurs
98. Vous ne savez pas ce que vous ne savez pas
99. Vous avez deux oreilles mais seulement une bouche
100. L'analyse paralyse
101. Le but principal
102. La prochaine étape logique
103. Les étapes bébés
104. Les pensées sont des choses
105. Savoir et ne pas faire n'est pas savoir
106. Enseigner ces informations
107. L'alimentation

Biographie de l'auteur

Né en 1985 à Colmar, en Alsace, Francesco Mandato a vécu ses sept premières années dans le sud de l'Italie.

C'est à l'âge de 14 ans, dans le sud de la France, lorsqu'il se fait hypnotiser durant un spectacle, qu'il a un déclic et commence à s'intéresser au développement personnel et à la spiritualité. Suite à cette expérience, il prend conscience qu'il y a de nombreuses choses à propos de l'être humain qu'il ne connaît pas et décide de les découvrir à tout prix. C'est ainsi qu'il passe son adolescence à lire des livres sur l'hypnose, la psychologie, les rêves et l'énergie du corps.

À 18 ans, il découvre le Reiki. C'est un grand bouleversement dans sa vie de jeune adulte, et sa première vraie pratique spirituelle. Il fait rapidement « partie des leurs » en passant l'initiation au premier degré de Reiki Usui. Il passe les différents niveaux d'initiation supérieurs dans les années qui suivent pour atteindre le niveau de maître.

La même année, en 2004, parallèlement à sa formation au Reiki, il s'inscrit dans la seule école de sophrologie holistique en France. Holistique, car elle permet de prendre conscience de toutes les parties de l'être humain, à savoir, le corps, l'esprit, l'énergie, les émotions ainsi que l'âme. Il suit un cursus de trois ans et obtient un master en sophrologie.

Le Reiki et la sophrologie deviennent très vite ses deux principaux outils de travail thérapeutiques, non seulement pour lui-même, mais également pour les autres. À l'âge de 20 ans, il ouvre son premier cabinet et reçoit encore aujourd'hui des personnes souhaitant se développer personnellement et spirituellement, en séances de groupe ou individuelles.

Sa vie est influencée par ses propres enseignants et inspirée par les cinq idéaux du Reiki, et ses recherches évoluent sans cesse. Admis et initié à la franc-maçonnerie, il quitte la fraternité de son plein gré après cinq ans. Il est également certifié en EFT (*Emotional Freedom Technique*), en hypnose classique et ericksonienne, et fait partie de plusieurs groupes opérant au niveau international dans le domaine du développement personnel et spirituel.

Il est le fondateur de Lumière D'Avenir, une école de développement personnel et spirituel.

Pour le contacter :

Site officiel : https://www.mieux-reussir.fr

Adresse e-mail : *francesco.mandato@yahoo.fr*

Youtube : Lumière d'Avenir.

Facebook auteur : https://www.facebook.com/francescomandatoauteur

Facebook développement personnel : https://bit.ly/FrancescoMandatoDPS

1. Qui est-ce que vous écoutez

Autrefois, les seules personnes qui réussissaient étaient les gens qui avaient l'information. Aujourd'hui, l'information est disponible partout : internet, livres, vidéos, conférences etc. Pourtant les personnes qui réussissent à atteindre leurs objectifs et réalisent leurs rêves sont encore peu nombreuses. Pourquoi ce constat ?

Il y a plusieurs raisons à cela, comme vous allez vous en rendre compte dans ce livre, mais la première raison qui fait que les personnes ne réussissent pas, c'est qu'elles n'obtiennent pas la bonne information.

Le défi que l'on doit surmonter à l'heure actuelle, c'est de trouver les bonnes connaissances pour réussir parmi toutes celles qui circulent. Nous entendons, nous lisons, nous voyons tout et son contraire. À tel point que les gens ne savent plus qui écouter et finissent par ne rien faire du tout, par peur de commettre une erreur.

La première chose que je vous conseille de faire est d'apprendre à démêler le vrai du faux. Ne pas suivre bêtement ce que le premier venu va vous dire. Pour cela, demandez-vous sans cesse : qui est-ce que j'écoute ? C'est-à-dire, d'où provient l'information que j'entends ?

L'idéal est d'écouter les personnes qui ont réalisé, dans leur vie, ce qu'elles sont en train de vous enseigner. Par exemple, si vous désirez vous lancer dans l'immobilier et que vous écoutez uniquement les conseils de votre oncle qui a acheté une maison il y a vingt ans ; vous n'obtiendrez peut-être pas une grande aide. Certes, il a effectivement acheté un bien immobilier mais il n'a pas fait une grande carrière dans ce domaine. Il n'a eu qu'une brève expérience et, qu'elle ait été négative ou positive, elle n'est pas suffisante pour être prise en compte.

Ce n'est qu'un exemple mais vous pouvez l'appliquer dans tous les domaines. Si vous voulez être un grand chanteur, ne prenez pas conseil auprès d'un chanteur de karaoké, mais plutôt d'un chanteur expérimenté.

Écoutez les gens qui ont fait ce que vous voulez faire ou bien les personnes qui ont obtenu réellement ce que vous voulez obtenir. Allez toujours chercher l'information à la source. Gardez à l'esprit de sans cesse vous demander qui vous écoutez.

2. La volonté d'apprendre

Beaucoup de gens croient tout savoir. Ils n'ont aucune volonté d'apprendre et pensent qu'ils sont plus malins que les autres. Ils ne se rendent même pas compte de toutes les choses qu'ils ne connaissent pas. « Vous ne savez pas ce que vous ne savez pas. » ; c'est un concept que vous verrez plus loin dans ce livre. Admettez que vous ne savez pas tout et ayez soif d'apprendre ! Peut-être avez-vous été dégouté de l'apprentissage durant vos études mais si vous voulez vraiment réussir, vous devez apprendre de nouvelles choses.

<u>Premièrement :</u> vous devez apprendre comment réussir en étudiant les concepts qui ont permis à des milliers de gens d'y parvenir sur différents plans de leur vie (vous êtes en train de le faire par la lecture de ce livre et je vous en félicite).

<u>Deuxièmement :</u> vous devez étudier les connaissances à acquérir dans le domaine où vous désirez obtenir de la réussite. Vous devez exceller et connaître ce secteur particulier sous tous ses angles. Nous avons vu dans le concept précédent qu'il fallait recueillir les informations auprès des bonnes personnes.

<u>Troisièmement :</u> continuez de toujours apprendre. Trop de gens font des études puis arrêtent, prétendant être des spécialistes. Certaines personnes se forment à un métier en un an puis l'exercent pendant dix années et déclarent : « J'ai dix ans d'expérience !» Cette affirmation est fausse. Elles devraient plutôt dire : « J'ai une année d'expérience répétée dix fois !» L'expérience vient en pratiquant ET en continuant à apprendre toujours plus.
Je vais vous donner l'exemple du poker car j'ai étudié ce jeu de cartes et je l'ai pratiqué sous différentes formes durant une dizaine d'années.
Vous pouvez apprendre les règles en une soirée et jouer durant dix ans. Croyez-moi, au bout de cette période, vous ne pouvez pas prétendre battre un joueur professionnel sous prétexte que vous avez dix ans d'expérience. Bien sûr, vous serez meilleur qu'à vos débuts, à force d'essais et d'erreurs, mais si vous achetez des livres ou suivez des cours, vous pourrez en apprendre davantage. Vous pourrez vous former sur la psychologie de vos adversaires, comment analyser leurs gestes ou leurs actions, comment maîtriser votre corps pour ne pas être analysé à votre tour. Vous découvrirez les techniques de taille de mises par rapport au pot puis par rapport au nombre de jetons qu'il reste à votre adversaire, la technique du continuation BET en bluff, puis la technique pour vous défendre contre un continuation BET et enfin la technique pour déceler un adversaire qui utilise la technique contre le continuation BET ! C'est sans fin et cela, quelle que soit la nature de votre

projet. Vous pouvez toujours améliorer, point par point, ce que vous faites. Soyez enseignable et ayez une haute volonté d'apprendre.

3. La volonté d'accepter le changement

Nous avons vu au chapitre précédent qu'il était essentiel d'avoir une volonté d'apprendre. Mais pour réussir votre vie, vous devez montrer une capacité encore plus importante ; c'est la volonté d'accepter le changement.

Le changement est difficile à accepter car le cerveau n'aime pas ça, du moins au début. Le cerveau a une fâcheuse tendance naturelle à aimer les habitudes et à les entretenir ! Le problème, c'est que lorsqu'on reste cloitré dans notre train-train quotidien, le cerveau est moins réactif et l'on se ferme petit à petit à toutes les opportunités de réussite.

Vous devez faire du changement dans votre vie. Commencez petit. Changez votre parfum préféré ; pour une fois, achetez-en un autre. Vous avez l'habitude au réveil de regarder vos notifications sur votre téléphone, puis d'aller aux toilettes et ensuite de prendre votre petit déjeuner ? Faites tout ceci dans le désordre dès demain. Par exemple, allez aux toilettes d'abord, puis mangez et ensuite regardez votre téléphone. Cela peut vous sembler minime et donc sans importance, mais croyez-moi, cela peut en fait avoir un impact plus grand que vous ne le pensez sur votre journée. Et même si vous ne voyez aucun changement, continuez car cela contraint votre cerveau à s'y entrainer régulièrement et vous en aurez ainsi de moins en moins peur.

Vous pourrez ensuite vous attaquer à des modifications de plus en plus importantes. Changer vos habitudes de trajet, changer de style vestimentaire ou musical, chercher de nouveaux amis et pourquoi pas un nouveau travail ! Oui, cela peut paraitre radical, mais c'est de cette manière que vous vous épanouirez totalement. Votre être est heureux lorsqu'il s'exprime de différentes manières et quand vous vivez de nouvelles aventures.

Cessez de partir toujours au même endroit en vacances, de parler toujours au même genre de personnes ; celles avec lesquelles vous êtes le plus à l'aise. Sortez de votre zone de confort.

Les personnes qui réussissent au plus haut point n'ont pas peur du changement. Elles essayent tout le temps de nouvelles choses.

Faites du changement dès que vous aurez posé ce livre. Faites également du changement demain ainsi que la semaine prochaine. Faites du changement le mois prochain et l'année prochaine. En fait, faites du changement toute votre vie ; accueillez la nouveauté à chaque instant.

4. La balance de l'équilibre du travail

La balance de l'équilibre du travail est un concept sur lequel j'aurais pu écrire des dizaines et des dizaines de pages. Je vais vous en faire une esquisse mais je vous demande de focaliser dessus durant plusieurs jours.

Imaginez une de ces vieilles balances à plateaux. Nous allons appeler un de ces plateaux le « pourquoi » et l'autre le « comment ». Le « pourquoi » est votre processus de pensée et le « comment » est la somme de toutes les actions que vous faites.

Le pourquoi : les pensées, les émotions, les rêves, votre vibration, les ressentis, les buts, les objectifs, les processus mentaux, l'imaginaire, l'être...

Le comment : les actions physiques, les plans, les stratégies, les techniques, le faire...

Le « pourquoi » correspond donc à « pourquoi » vous faites les choses et comment vous vous sentez en y pensant ; tandis que le « comment » correspond à « comment » vous faites les choses concrètement.

La plupart des gens pensent qu'il faut, pour réussir, équilibrer cette balance à 50-50, c'est-à-dire avoir des bonnes pensées ET faire les bonnes actions. Mais en réalité, cette croyance est fausse car le « pourquoi » est bien plus important que le « comment ». Les faits le prouvent. Beaucoup de personnes qui ont réussi à grande échelle comme Bill Gates, Donald Trump, Henry Ford etc., n'ont pas forcément fait les bonnes actions. Au début, elles n'avaient aucune idée de « comment » elles allaient faire ceci ou cela. En revanche, elles avaient un grand rêve qui les faisait vibrer de la tête aux pieds. Elles étaient centrées sur le « pourquoi ». Pourquoi vous faites les choses ? Pourquoi vous levez-vous chaque matin ? Qu'est-ce qui vous motive ?

Vous devez non seulement trouver votre « pourquoi », mais vous devez aussi focaliser 99% de votre pensée sur ce côté de la balance de l'équilibre du travail. Vous devez vous sentir bien lorsque vous pensez à votre objectif car les vibrations et les pensées qui vous animent vont de toute façon vous guider intuitivement vers les bonnes actions. Ce qui ne veut pas dire que vous ne devez pas vous engager dans l'action, car l'échelle 99%-1% n'est pas une échelle de temps mais d'importance. Vous devez accorder 99% d'attention à vos pensées. Votre objectif doit être bien clair dans votre esprit et vous devez avoir de bonnes émotions en y pensant.

5. Les quatre étapes pour arriver à la compétence inconsciente

Lorsque vous apprenez une nouvelle information, vous passez par différents stades d'apprentissage. Il faut atteindre la dernière étape pour que l'information devienne une aptitude.

Alors, maintenant, j'ai une bonne et une mauvaise nouvelle...

La bonne nouvelle, c'est que les concepts de ce livre peuvent considérablement vous aider à être, faire ou avoir tout ce que vous voulez. Excellente nouvelle n'est-ce pas ? C'est comme si vous aviez un cahier de recettes pour le succès entre vos mains !

Cependant, la mauvaise nouvelle, c'est qu'il ne suffit pas de simplement lire ce livre pour pouvoir vous servir de ces concepts. Afin qu'ils marchent, il faut qu'ils soient complètement intégrés en vous. Et pour cela, vous devez passer par les quatre étapes que voici.

L'incompétence inconsciente : vous ne savez pas que vous ne savez pas. Exemple : avant que vous n'achetiez ce livre, vous ne saviez pas que ces concepts de réussite existaient.

L'incompétence consciente : vous savez que vous ne savez pas. En découvrant le livre ou en le feuilletant, vous vous êtes peut-être dit : « Oh je ne connais pas ces concepts, mon Dieu, il faut que je m'en imprègne afin de réussir !»

La compétence consciente : vous découvrez l'existence de ces concepts et vous devez vous concentrer pour les appliquer. Lorsque vous lisez ces concepts pour la première fois, vous pensez à les appliquer mais il faut presque vous forcer, chaque jour, pour les utiliser consciemment.

La compétence inconsciente : vous connaissez tellement bien ces concepts que leur pratique devient un automatisme ; comme le fait de faire du vélo ou de lacer vos chaussures. Lorsque vous avez suffisamment focalisé sur ces concepts, vous finissez par les utiliser machinalement ; vous n'avez plus besoin d'y penser. C'est comme une partie de vous-même.

Si vous désirez connaitre la réussite dans votre vie, il faut intégrer ces 200 concepts au plus profond de vous-même. Pour arriver à la compétence inconsciente, il vous faudra relire ce livre des dizaines et des dizaines de fois, si ce n'est pas des centaines... Il faudra y penser, en parler, l'appliquer, relire, y repenser, en reparler encore et encore.

Et c'est le même principe pour tout ce que vous désirez apprendre. Sachez que vous devez vous entrainer encore et encore pour arriver à la compétence inconsciente. Par exemple, ce livre a été entièrement écrit de mémoire. Et pourtant, ce n'est pas mon enseignement ; ce sont des concepts que j'ai appris et que je partage pour votre réussite. Mais je n'ai pas besoin de recopier quoi que ce soit. Je connais ces concepts par cœur et j'aurais pu écrire dix pages par concept. C'est ce niveau de maîtrise que vous devez viser.

6. Si vous voulez être un maître, maîtrisez les bases

Dans le concept précédent, je vous précisais avoir écrit ce livre en m'inspirant de mes mentors, mais pas en les copiant bêtement. Les explications et les mots sortent tout seuls car je focalise sur ces enseignements depuis 2011. Si je vous ai dit cela, ce n'était pas pour me vanter mais pour vous donner une astuce supplémentaire. En fait, si vous réécrivez ce livre vous-même, à la main, de la première à la dernière page, entièrement de tête, cela voudra dire que vous en avez assimilé la connaissance. Et à ce stade, je peux pratiquement garantir que votre vie sera totalement différente !

Pour être un maître, vous devez maîtriser les bases. Qu'est-ce que les bases ? Ce sont les cinq premiers concepts qui précèdent. Qui est-ce que vous écoutez, la volonté d'apprendre, la volonté d'accepter le changement, la balance de l'équilibre du travail et les quatre étapes pour arriver à la compétence inconsciente.

Vous devez grandement focaliser sur ces cinq premiers concepts afin que les autres tiennent. Les premiers concepts sont des fondations et vous ne pouvez construire une haute réussite que si vos fondations sont profondes.

Un moine Shaolin a dit : « Je n'ai pas peur des dix-mille coups que tu connais et que tu as pratiqués une fois. Par contre, j'ai peur du seul coup que tu connais que tu as pratiqué dix-mille fois. » ...

Un maître focalise et répète les choses encore et encore. Un maître n'a pas peur de faire dix-mille fois la même chose. Un maître travaille les bases pour les connaître mieux que tout le monde. Travaillez les bases, focalisez sur les bases et maîtrisez les bases.

Pensez sans cesse à qui est-ce que vous écoutez.
Pensez sans cesse à avoir une haute volonté d'apprendre.
Pensez sans cesse à avoir une haute volonté d'accepter le changement.
Pensez sans cesse à être bien aligné avec la balance de l'équilibre du travail.
Pensez sans cesse aux quatre étapes de l'apprentissage.

Je vous recommande maintenant de ne pas lire plus loin, mais de relire ce livre depuis le début. Cela ne vous enchante pas du tout ? C'est comme un fardeau de reprendre cette dizaine de pages depuis le début ? Alors, c'est que vous n'avez pas une assez haute volonté d'apprendre... Cela prouve que vous devez vraiment relire les premiers concepts. Vous êtes pressé de savoir la suite ? Je comprends, mais avec cette attitude, vous ne deviendrez pas un maître... Et vous n'aurez pas une grande réussite...

RELISEZ CE LIVRE DEPUIS LE DEBUT AVANT DE POURSUIVRE !

7. Un bon plan violemment exécuté immédiatement est mieux qu'un plan parfait exécuté plus tard

Bravo ! Si vous lisez ceci, c'est que vous avez relu les premiers concepts plusieurs fois. Si ce n'est pas fait, je vous donne une seconde chance maintenant. Si vous voulez du changement dans votre vie, relisez plusieurs fois les concepts de base, intégrez-les...

Maintenant que vous commencez à connaître les concepts de base (mais faites-moi confiance, vous ne les connaissez pas encore suffisamment), vous pouvez envisager d'entrer dans l'action.

En effet, vous n'êtes pas obligé de tout connaître pour commencer à avoir des résultats. Vous pouvez pratiquer tout en continuant d'apprendre.

Beaucoup trop de gens n'arrivent pas au terme de leur projet, tout simplement parce qu'ils ne démarrent jamais ! « Je n'ai pas le temps, je n'ai pas assez de connaissances, j'ai peur, j'attends d'avoir toutes les cartes en mains pour avoir le plan parfait... » Le plan parfait n'existe pas mes chers lecteurs ! Il n'a jamais existé pour personne ! Attendez-vous que tous les feux de signalisation soient verts et qu'il n'y ait pas de travaux sur la route pour partir ? Non. Vous partez et vous ajustez votre parcours en fonction de la circulation.

Pourquoi ne faites-vous pas la même chose avec vos projets ? Pourquoi attendre le moment idéal pour démarrer ? Démarrez et avisez en cours de route.

Un plan parfait n'existe pas ; alors il vaut mieux un plan modeste violemment exécuté tout de suite qu'un plan parfait exécuté plus tard. Plus tard n'arrive jamais. De plus, si vous avez la chance de construire un plan parfait pour demain, sachez qu'il y a de fortes chances pour qu'après-demain il ne le soit plus car la situation aura changé. Alors n'attendez pas demain, faites un plan simplement convenable et lancez-le aujourd'hui !

Demain n'arrive jamais, croyez-en mon expérience. Si vous attendez (peu importe l'excuse), vous programmez votre échec. Si vous avez un projet qui vous tient à cœur, déployez un bon plan et exécutez-le violemment tout de suite. Puis continuez à lire ce livre tout en travaillant votre projet. Arrêtez de lire maintenant et faites une action pour votre projet.

8. Vous êtes l'employeur et l'employé de vous-même

Vous pouvez rester un employé toute votre vie si vous le voulez. J'entends, professionnellement parlant. Il n'y a pas de mal à cela et pas de sous métier. Mais si vous voulez amasser de grosses sommes d'argent, il va sérieusement falloir songer à être entrepreneur ; car il est pratiquement impossible de devenir super riche en étant employé. C'est une autre question dont nous parlerons plus tard.

Vous devez cependant devenir l'employeur de vous-même si vous voulez une vie totalement épanouie. En effet, vous allez devoir vous donner quelques ordres à vous-même et vous y tenir. Le succès n'arrive pas par hasard, sauf pour les gagnants de la loterie ou les héritiers ; mais je ne considère pas cela comme un succès. Il s'agit juste d'un coup de chance et la plupart des personnes concernées perdent, de toute façon, la totalité ou une grosse partie de leurs gains dans les cinq ans qui suivent et ce, à cause de mauvais placements. La grande majorité des réussites sont le fruit d'efforts soutenus et de plusieurs années de labeur.

Que ce soit pour améliorer votre vie de couple, vos finances, vos relations professionnelles, amicales et familiales, votre statut social ou quoi que ce soit d'autre, vous devez agir comme un chef, comme un leader. Il vous faut développer des capacités de prise de décision et de donneur d'ordre (à vous-même). Vous serez donc votre propre patron.

Ceci est la première étape. Ensuite, une fois que vous aurez développé une attitude d'employeur de vous-même, vous devrez passer à la deuxième étape et celle-ci est encore plus difficile...
Être l'employé de vous-même !
Pourquoi est-ce difficile ?
Tout simplement parce que, lorsque vous n'avez de comptes à rendre qu'à vous-même, il est très facile de désobéir... Pensez-y... Combien de fois vous êtes-vous dit (en tant qu'employeur) : « Ce soir, je vais tôt au lit pour pouvoir lire ce livre qui me fera du bien ou afin de me lever plus tôt demain matin. » Et en fait, vous n'avez pas réussi à quitter votre canapé, tellement hypnotisé que vous étiez par un épisode de votre série Netflix (employé).

Je suis sûr que cela vous est arrivé de nombreuses fois... Je vous rassure, cela m'arrive aussi, mais pas souvent ! Pas tous les mois. Nous n'allons pas non plus nous auto flageller à chaque fois que nous faisons cela. Bien sûr nous pouvons, de temps en temps, ne pas respecter les engagements que nous nous nous fixons. Mais les perdants font cela plusieurs fois par semaine. Réduisez le nombre de fois où vous n'obéissez pas à l'employeur qui se trouve dans votre tête.

Donnez-vous des ordres de réussite avec des actions à effectuer pour améliorer votre vie et obéissez-vous ; peu importe ce qui se passe autour de vous. Vous voulez éviter que votre employeur intérieur vous mette à la porte ? Vous préférez recevoir une augmentation ? Faites ce qu'« il » dit.

9.   Une cible que vous ne voyez pas est inatteignable

Je fais beaucoup de sport, mais je n'ai jamais pratiqué le tir à l'arc. En revanche, je suis prêt à parier que je peux battre, du premier coup, un tireur entraîné si je fais une seule et unique chose... lui bander les yeux.

Un tireur qui ne voit pas sa cible a très peu de chance de la toucher.

Que voulez-vous dans la vie ? Vous avez acheté ce livre pour réussir, c'est bien, mais que voulez-vous réussir ? Quoi exactement ? Précisément ? Qu'est-ce que la réussite pour vous ? Pouvez-vous l'écrire clairement en une phrase ou deux ? Si non, vous êtes comme le tireur qui a les yeux bandés et qui ne réussira jamais à toucher sa cible.

Comment voulez-vous atteindre une cible que vous n'avez pas clairement définie ?

Je vous l'ai déjà dit : la réussite n'arrive pas par hasard. Définissez clairement ce qu'est la réussite pour vous en une ou deux phrases, mais pas plus d'un paragraphe, sinon c'est que vous êtes trop vague.

Ainsi vous verrez votre cible et aurez infiniment plus de chance de la toucher.

10. C'est mieux avec un mentor

Vous pouvez apprendre quoi que ce soit seul : une langue étrangère, jouer d'un instrument de musique, cuisiner, créer un site sur la toile et quasiment tout, en fait. Surtout de nos jours avec internet, les applications mobiles etc. Et vous pouvez, grâce à cela, atteindre un bon niveau, voire un très bon niveau.

Mais il y a quand même une certaine limite à cette méthode. Si vous voulez avoir plus qu'un très bon niveau, être vraiment un spécialiste et exceller dans votre domaine d'activité, envisagez d'avoir un mentor.

Un mentor est quelqu'un qui, comme nous l'avons vu dans le premier concept, a atteint le niveau auquel vous voulez arriver. Si vous voulez apprendre directement de lui, vous pourrez étudier sa façon de faire avec attention pour mieux l'imiter. Il sera en mesure de vous observer afin de vous corriger au détail près. C'est ainsi que vous parviendrez à être parfait dans ce que vous voulez apprendre.

Vous avez peut-être entendu le dicton : « La pratique rend parfait. » En réalité, ce n'est pas tout à fait vrai... La pratique PARFAITE rend parfait. En effet, vous pouvez mal faire quelque chose et le faire mal toute votre vie. Vous ne vous améliorerez pas en le répétant mal, encore et encore. Il est donc beaucoup plus efficace de choisir quelqu'un qui fait mieux que vous et de lui demander de vous enseigner.

C'est le cas pour ces enseignements. Lire ce livre, c'est très bien, mais cherchez quelqu'un qui a réussi et demandez-lui d'être votre mentor. Vous pourrez ainsi lui poser des questions et vous améliorer.

Entourez-vous des meilleurs pour devenir meilleur.

11. Lisez des livres

Les leaders sont toujours des lecteurs !

Lire des livres qui vous enseignent comment avoir du succès va vous aider à... avoir du succès ! Bravo, vous êtes déjà en train de faire cette action que font toutes les personnes qui réussissent.

Vous pouvez trouver beaucoup d'informations sur internet mais certains éléments précieux ne s'y trouvent pas et sont uniquement dans les livres. Certains ingrédients de la réussite ne sont pas dévoilés et étalés au grand public sur la toile. Ils ne sont connus que par une poignée de personnes ; celles qui lisent. Et Dieu sait qu'il y a énormément de personnes sur terre qui ne lisent pas ! Soit parce qu'elles n'aiment pas ça soit parce qu'elles trouvent ça inutile (généralement celles qui préfèrent regarder la télévision), soit parce qu'elles n'ont pas le temps (soi-disant), soit parce qu'elles ne savent pas lire. Malheureusement ces gens passent à côté de beaucoup de choses.

Alors, vous pouvez me dire : « Mais Francesco, aujourd'hui, nous ne sommes pas obligés de lire si nous n'en avons pas envie ou pas le temps, car il existe les versions audios des livres ! On peut les écouter tout en faisant la vaisselle !»
Et je vous réponds oui, mais non...
Premièrement : tous les livres n'existent pas en version audio et ne le seront peut-être jamais.
Deuxièmement : et c'est le plus important, en lisant, vous travaillez une zone spécifique du cerveau liée à la vue. Vous intégrez donc l'information par les yeux. Quand vous écoutez un audio, vous faites entrer les informations par les oreilles, ce qui fait travailler le sens de l'ouïe et donc affecte une zone différente du cerveau ! Bien sûr vous pouvez écouter des livres en audio lorsque vous faites votre vaisselle (c'est pour cette raison d'ailleurs que je n'ai pas de lave-vaisselle), mais vous devez, dans ce cas, lire ce même livre avec vos yeux également, pour mieux l'intégrer. Les études scientifiques en ont prouvé la nécessité.

Lisez chaque jour ! Vous recevez des informations négatives chaque jour ; il faut contrebalancer cela en lisant du positif chaque jour. Il vaut mieux lire cinq minutes tous les jours que trois heures d'affilée une seule fois par semaine (les preuves scientifiques, là aussi, appuient mes dires). Vous n'avez pas le temps ? Vous savez maintenant que vous avez plus de bénéfices à lire une page lorsque vous êtes assis aux toilettes (tous les jours, si vous êtes normalement constitué), plutôt que d'attendre que vous « ayez le temps ».

Lisez des livres qui vous apprennent comment réussir dans le domaine où vous voulez réussir, ainsi que des enseignements généraux sur la réussite. Référez-vous, pour cela, à la bibliographie en fin d'ouvrage. Et bien sûr, relisez ce livre plusieurs fois.

12. Ayez un cahier de gratitude

Dans le passé chrétien, les enfants avaient un rituel le soir ; faire une prière avant de s'endormir pour remercier Dieu d'avoir passé une bonne journée, d'être en bonne santé et, éventuellement, lui adresser une demande. De nos jours, ce n'est plus vraiment le cas car les religions ne sont plus pratiquées avec autant de ferveur. Cependant, remercier et être dans la gratitude chaque jour était plutôt une bonne habitude.

Lorsque vous êtes dans un état de gratitude, peu importe le dieu que vous remerciez ; vous avez des pensées positives et cela attire à vous encore plus d'événements, de circonstances et de personnes positives dans votre vie. Par conséquent, vous vous plaignez moins car vous prenez conscience de toutes les bonnes choses que vous avez déjà. L'ampleur de tout ce que vous possédez comparée à ce que d'autres n'ont pas la chance d'avoir est astronomique !

Quelle que soit votre religion, ou même si vous êtes athée, vous pouvez utiliser ce qu'on appelle un cahier de gratitude. C'est un cahier que vous laissez sur votre table de chevet. Chaque soir avant de dormir, prenez ce cahier, un stylo ou un crayon et listez cinq raisons, ou plus, pour lesquelles vous pouvez ressentir de la gratitude ; même et surtout s'il s'agit de petites choses !

Par exemple :

Merci pour le bon repas de ce midi

Merci pour la soirée que j'ai passée avec X et Y

Merci pour le sourire que j'ai échangé avec cet inconnu en caisse

Merci pour le fait d'être en bonne santé

Merci pour le beau temps qu'il a fait aujourd'hui.

Lorsque vous commencerez ce cahier de gratitude, vous n'aurez peut-être que deux ou trois choses à noter ; mais je vous invite à vous efforcer d'en écrire cinq au minimum.
Ensuite, vous verrez que dans les jours qui suivront, vous trouverez de plus en plus de motifs pour lesquels remercier.

Pourquoi ?

<u>Premièrement :</u> au cours de votre journée, votre cerveau va commencer à chercher des situations positives à inscrire le soir dans votre cahier. Vous considèrerez donc la vie de plus en plus positivement.

<u>Deuxièmement :</u> vous mettant tous les soirs dans un état vibratoire de gratitude, vous attirerez de plus en plus de choses positives dans votre vie et donc davantage d'éléments à lister dans votre cahier de gratitude !

Cela peut vous sembler farfelu comme concept, mais nous reparlerons de ce phénomène vibratoire au fil de ce livre.

13. Ayez un désir ardent

Selon Napoléon Hill, qui a étudié les personnes les plus riches de ce monde durant 20 ans, en toute réussite il y a un désir ardent. N. Hill a découvert que toute personne qui réussit n'éprouve pas une simple envie d'atteindre l'objectif, mais un véritable désir ardent.

Il ne vous suffit pas de vouloir quelque chose. Cela doit être une idée fixe ; vous devez le vouloir absolument, à tout prix ! Votre rêve, votre objectif, doit vous brûler de l'intérieur. Vous devez développer une obsession magnifique envers lui. Vous devez le vouloir comme si votre vie en dépendait...

Si vous n'avez pas ce feu ardent, vous ne serez pas suffisamment motivé pour tenir jusqu'au bout et vous n'aurez pas assez de force lorsque les tempêtes de l'imprévu surviendront.

Si vous n'arrivez pas à développer un désir ardent, c'est que l'objet de votre convoitise n'est pas suffisamment important pour vous ; c'est que ce n'est peut-être pas votre voie. Envisagez alors de changer d'objectif. Trouvez un but qui soit en adéquation avec vos valeurs internes.

Quel est le seul objet céleste dans le système solaire qui a un feu ardent ?

Le soleil.

Et quel est l'objet céleste dans le système solaire qui a un si gros impact qu'il peut maintenir en orbite, autour de lui, plus d'une douzaine de planètes ?

Le soleil.

Vous devez, tout comme le soleil, brûler pour votre réussite ; ainsi, vous aurez une telle puissance que tous vos désirs pourront graviter autour de vous jusqu'à ce qu'ils soient totalement attirés dans votre vie.

14. Parfois, être allongé sur un clou ne suffit pas

Un jour, un de mes mentors est allé rendre visite à l'un de ses amis aux États-Unis. Celui-ci vivait dans une de ces maisons typiques, avec un porche à l'entrée. Ils étaient tous les deux assis là, en train de discuter. Le chien était allongé aux pieds de son maître, sur le plancher en bois. Mon mentor remarquait que le chien gémissait régulièrement. Il demanda alors à son ami :

— Qu'est-ce qui arrive à ton chien, pourquoi pleure-t-il ?

— Oh, c'est parce qu'il est allongé sur un clou.

— Il est allongé sur un clou ! Mais pourquoi ne bouge-t-il pas ?

— Eh bien tout simplement parce que ça ne lui fait pas assez mal...

Malheureusement, nous humains, agissons parfois comme ce chien. Nous avons mal, nous nous plaignons de nos conditions de vie, nous n'aimons pas ceci et nous n'aimons pas cela. MAIS... cela ne nous fait pas suffisamment mal pour nous motiver à bouger nos fesses. La plupart des gens sur terre sont ainsi.

Alors beaucoup de réussites arrivent lorsqu'une personne en a vraiment ras-le-bol. Les gens bougent lorsqu'ils en ont marre d'en avoir marre !

N'en arrivez pas là. Ne vous complaisez pas à rester tranquillement allongé sur un petit clou qui vous dérange. Levez-vous ! Faites des actions ! Changez votre vie ! Ou alors ne faites rien, mais ne vous plaignez pas.

Si vous voulez de la grandeur dans votre vie, vous ne pouvez pas vous contenter de petites choses. Souvent, les personnes pauvres ou à revenus moyens voient les riches comme des gens difficiles, exigeants et arrogants parce qu'ils semblent faire des chichis. Mais en fait, ce sont juste des personnes qui savent ce qu'elles veulent, ce qu'elles méritent et se permettent de l'exiger ! Elles souhaitent le meilleur, alors elles demandent le meilleur et reçoivent tout simplement le meilleur. Vous aussi vous méritez le meilleur ; car au fond vous êtes une belle personne, alors, demandez aussi le meilleur dans votre vie.

Ne vous contentez pas de peu. Un clou vous dérange ? Supprimez-le tout de suite de votre vie ! Pas la semaine prochaine, pas demain : tout de suite ! La vie est trop courte pour vous enquiquine ; éradiquez maintenant tout ce que vous ne voulez plus !

15. N'innovez pas, dupliquez

Nous croyons, à tort, qu'il faut innover pour réussir. Nous entendons partout des mots tels que « innovation », « nouveauté », « invention », « l'idée du siècle », « ingénieux », etc. Et ceci forge dans notre esprit la croyance que, pour toute réussite, il faut créer quelque chose d'absolument unique.

Je peux vous affirmer, grâce à ma propre expérience et à celle de personnes proches, que cette croyance est fausse. Très, très souvent, il suffit juste de dupliquer ce que quelqu'un d'autre a fait. Pas copier, pas plagier mais s'inspirer de ce que d'autres ont produit. Certaines personnes ont déjà trouvé des recettes qui marchent, pourquoi alors s'obstiner à faire autre chose ?

Je discutais de réussite avec un homme, il y a de cela quelques années, et il me disait qu'il fallait trouver le « truc révolutionnaire », l'idée du siècle comme on dit. A cette époque, je n'étais déjà pas vraiment d'accord avec lui, mais je n'ai rien dit car il était bien plus âgé que moi, alors je me suis dit qu'il avait peut-être raison. J'ai simplement observé au fil des années qui suivirent. Et bien, aujourd'hui, il est proche de la retraite et sa vie n'a pas grandement changé... Il a toujours le même boulot, les mêmes amis, les mêmes habitudes et il part même en vacances quasiment toujours au même endroit... Bien sûr, il pourrait encore trouver une idée et faire fortune ! Mais il n'a pas l'air de vraiment chercher...

En dehors des livres de développement personnel, j'écris aussi des romans et des nouvelles. Avant d'entamer l'écriture de mon premier roman, j'ai dit à une amie qu'il fallait que je m'exerce à écrire des histoires et que je voulais apprendre des grands auteurs (premier concept de ce livre). Cette amie m'a répondu : « Mais non, tu n'es pas obligé de faire comme eux ! Tu peux peut-être trouver une nouvelle façon d'écrire et tu vas révolutionner le monde de la littérature ! » Cette fois encore, je n'étais pas d'accord, et je l'ai exprimé. On peut essayer d'innover lorsqu'on connait très bien sa matière, mais pas lorsqu'on débute. J'ai vu le cas avec une personne qui a écrit un roman en quelques semaines, sans rien apprendre, et sans rien faire comme les professionnels. Elle a autoédité le livre et il s'est vendu... à cinq ou six exemplaires... peut-être dix aujourd'hui.

Mes histoires plaisent et mes livres se vendent car j'applique les techniques que des auteurs à succès utilisent. Bien sûr, il y a une part de moi dans chaque histoire, dans chaque phrase que j'écris. Il y aura toujours une partie personnelle dans ce vous faites et tant mieux. Mais ne cherchez pas l'innovation, vous pouvez réussir tout simplement en dupliquant.

N'innovez pas, dupliquez.

16. Faites les bonnes choses

Ce concept va de pair avec les concepts 17 et 18 ; je vous demande donc de lire les trois à la suite.

Pour réussir, vous devez faire les bonnes choses. « Super Francesco, merci ! Mais qu'est-ce que les bonnes choses ? » me direz-vous !

Tout dépend de votre objectif.

Bien évidemment, les bonnes choses à faire, déjà, sont toutes celles listées dans ce livre. Chaque concept vous aidera à vous rapprocher de vos rêves, c'est une certitude.

Ensuite, vous devez faire les actions concrètes pour construire votre « entreprise ». Et là, vous ne devez pas confondre activité et accomplissement (voir concept n°84).

Définissez clairement ces actions. Vous pouvez, par exemple, écrire votre but à long terme (plusieurs années), puis, lister des sous étapes à viser dans les six à douze mois qui viennent ; ensuite, faire de même pour les étapes encore plus petites qui sont, en fait, les actions que vous pouvez faire aujourd'hui ou cette semaine.

C'est une technique très puissante pour tracer votre chemin vers la réussite.

Donc les « bonnes » choses sont :

- Lire tout ce qu'il y a dans ce livre

- Écrire l'objectif à long terme et à moyen terme

- Écrire et accomplir les actions aujourd'hui ou cette semaine en vue de votre objectif.

17. Faites les bonnes choses régulièrement

Maintenant que vous savez ce que sont les bonnes choses, ou au moins vous en avez une meilleure idée et savez comment les définir ; il faut les faire et il faut les faire régulièrement.

Que veut dire régulièrement ?

Ça dépend des actions. Certaines choses peuvent être faites tous les jours, comme lire des livres de motivation. Si vous avez un magasin, une boutique physique ; il est clair qu'une des choses que vous devez faire chaque jour, c'est d'ouvrir la boutique pour les clients ! Si vous restez chez vous et que le magasin est fermé, vous n'allez pas réussir, car vous ne ferez aucune vente.
C'est pareil si vous démarrez un projet. Vous pourriez vous dire : « Je n'ai pas besoin de faire cette étape absolument aujourd'hui, car de toute façon, ça n'a pas encore démarré. » Et bien ce serait une erreur, car si vous remettez cette petite action à demain, vous ouvrirez votre magasin ou vous démarrerez votre projet un jour plus tard.

Certaines des bonnes choses ne peuvent pas être faites chaque jour et il est préférable de les faire sur une base hebdomadaire. Par exemple le rangement de la pièce dans laquelle vous travaillez. Si vous vous mettez à ranger votre bureau tous les jours, peut-être que vous perdrez beaucoup trop de temps ; vous pouvez le faire une fois par semaine.

D'autres bonnes choses sont à faire uniquement une ou deux fois par mois ; comme un petit bilan comptable sur les ventes d'un produit. Probablement que le faire chaque semaine, ou pire chaque jour, affecterai votre moral.
En effet, le chiffre, éventuellement très négatif sur une période courte, peut ne pas représenter la réalité globale. Une vision plus large peut permettre, en calculant une moyenne, d'obtenir un résultat final plus encourageant.

Et quelques petites actions sont à faire, une ou deux fois par an seulement : envisager de changer de fournisseur en comparant plusieurs devis, effectuer le bilan comptable annuel qui permet de constater sur douze mois si votre entreprise est fructueuse ou pas...

C'est à vous de décider quelles actions sont bonnes à faire chaque jour, semaine, mois ou année.

Vous devez vous y tenir ! Ne pas remettre à plus tard et faire les choses avec régularité.

Faites les bonnes choses régulièrement.

18. Faites les bonnes choses régulièrement et pendant suffisamment de temps

C'est bien de faire les bonnes choses et c'est encore mieux de les faire sur une base régulière. Cependant, combien de gens abandonnent avant de voir la ligne d'arrivée ?
Énormément...
Trop long, trop d'embuches, trop de doutes, trop d'efforts à fournir etc.

Eh bien oui, la route de la réussite est longue, souvent très longue et quasiment toujours plus longue que vous ne le pensez...
Dans mon cas, il m'a fallu une armée de journées remplies de persévérance ; des semaines et même des années. Est-ce que c'était agréable ? Franchement, je ne suis pas un gourou vous vendant du rêve. Bien sûr que cela m'a été difficile ; bien évidemment, j'ai eu envie d'abandonner des centaines de fois, de retourner à une vie « normale » de métro, boulot, dodo et d'envoyer en l'air tous ces concepts.
Est-ce que, vraiment, ça vaut le coup de persévérer durant des années ? Honnêtement, oui. Je ne vais pas vous mentir, l'ascension de la montagne est rude mais la vue depuis le sommet récompense tous les efforts. Et puis j'ai appris quelque chose : la réussite est un voyage et non une destination. Lisez le concept 110 pour en savoir plus.

Faites les bonnes choses régulièrement ET pendant suffisamment de temps.
Que veut dire « suffisamment de temps » ?
Eh bien là, je ne saurais répondre. Probablement jusqu'à l'obtention de ce que vous voulez. Dans tous les cas, vous ne pouvez pas lancer un projet, travailler six mois dessus et décider finalement d'abandonner parce qu'il ne donne rien. Six mois ne suffisent pas pour estimer un projet, même si vous faites les bonnes choses régulièrement. Il faut faire les bonnes choses régulièrement ET pendant suffisamment de temps.

Lisez les biographies des personnes riches et célèbres ; vous verrez que les médias ne vous disent pas tout. Ils ne vous montrent que la pointe de l'iceberg ; ils vous montrent uniquement la réussite qui a éclaté du jour au lendemain. Mais renseignez-vous sur le passé de ces personnes et vous serez surpris de leur parcours respectif, semé d'épreuves qu'elles ont franchies avec un courage incroyable. Vous et moi aurions abandonné certainement bien avant elles. Elles ont persévéré et c'est pour cela qu'elles sont devenues riches et célèbres.

Faites les bonnes choses régulièrement et pendant suffisamment de temps.

19. Soyez positif

Vous avez souvent entendu dire qu'il fallait être positif et que tout irait mieux ainsi... Et vous vous êtes peut-être rendu compte que, parfois, cela ne marche pas du tout et que les obstacles continuent d'arriver malgré votre positivité ! Cela m'est souvent arrivé et vous savez quoi ? A ce moment-là, j'ai juste eu envie de dire à Dieu, à l'univers ou à monsieur l'inventeur de la pensée positive, Émile Coué, d'aller voir ailleurs si j'y suis !

Alors nous pouvons légitimement nous poser la question : est-ce que la pensée positive marche vraiment ? De mon point de vue, oui. Cependant, est-ce qu'elle marche tout de suite ? Encore une fois, de mon humble avis, je dirais que non, pas forcément tout de suite.

Je m'explique : être positif, c'est envoyer des pensées positives et donc une énergie positive (nous parlerons de cet aspect technique quelques pages plus loin). Mais jusqu'à ce qu'une réponse arrive en retour, cela peut prendre plus ou moins de temps. Elle arrive à retardement. Si j'envoie une onde positive, son effet se manifeste quelques semaines plus tard. C'est une approximation car ça dépend de ma puissance d'émission sur le moment-même. Cela peut se manifester le lendemain lorsque je suis bien aligné.

Un élève, plongé dans un état dépressif depuis des mois, me dit, une semaine après notre séance : « Je ne comprends pas pourquoi ma vie ne s'arrange pas ; je pense pourtant positivement depuis notre dernière séance. » Je lui réponds : « Mais attendez ! Vous croyez que vos mois de pensées négatives vont s'effacer comme par magie, parce que vous avez maintenant deux ou trois pensées positives ? Soyez patient, vous êtes encore en train de recevoir le retour des dernières pensées noires. » Et là, la personne voit enfin des miracles arriver dans les semaines suivantes.

Selon mon expérience et celle des gens dans mon entourage, la pensée a un effet à retardement. Si vous maintenez de belles pensées tout le temps ou la plupart du temps, cela ce manifeste effectivement plus vite.

Nous ne pouvons donc pas accomplir des miracles avec les pensées positives. Cependant, une attitude positive permet de tout faire mieux qu'une attitude négative. Votre vie va nettement s'améliorer avec des pensées positives constantes. Ce qui revient à faire une bonne chose (penser positivement), régulièrement (tous les jours) et pendant suffisamment de temps (toute votre vie).

20. Voyez grand

Quand je dis aux gens qu'il faut voir grand pour réussir, tous, absolument tous, à cent pour cent, me répondent : « Ah mais moi, je vois grand ! » Mais en fait, l'idée de grandeur est relative et chacun en a sa version. Il est donc naturel que tous croient penser en grand. Mais, lorsque je leur pose quelques questions pour les tester, je me rends compte qu'ils pensent, en fait, encore assez petit.

Lisez le livre *L'esprit millionnaire* de T. Harv Eckert et vous verrez que vous pouvez penser bien plus grand que ce que vous faites maintenant...

Répondez à cette question-là, tout de suite : combien d'argent désirez-vous gagner par mois ou par an ? VOYEZ GRAND !

Réfléchissez et pensez vraiment à un chiffre avant de continuer à lire...

Vous avez un chiffre en tête ?
Bien. Multipliez ce chiffre par dix. Cela donne combien ?
OK, pourquoi ne pas gagner plutôt cette somme-là ?
Pourquoi pas ? Vous pouvez le faire car d'autre gens sur terre gagnent cette somme-là. Vrai ou faux ?

Combien de personnes voudriez-vous toucher avec votre projet ? Vous n'avez pas de projet ? Pourtant, à ce stade du livre vous devriez, car comme vous l'avez vu au concept 9, vous n'atteindrez jamais une cible que vous ne voyez pas. Mais en admettant que vous en ayez un, combien de personnes souhaitez-vous impacter grâce à ce projet ?

Réfléchissez et pensez vraiment à un chiffre avant de continuer à lire...
Et cette fois, voyez vraiment GRAND !

Vous avez un chiffre en tête ?
Bien. Multipliez ce chiffre par dix. Cela donne combien ?
Pourquoi pas impacter autant de personnes ? Bien sûr que vous pouvez le faire ! D'autres le font bien avec certaines de leurs « idées ».

Voyez-vous, vous pouvez voir bien plus grand que vous ne le pensez.

Mais voir grand veut également dire autre chose ; ce que peu de gens comprennent. Voir grand, c'est voir au-dessus de certaines choses. Certaines personnes vous critiquent ou critiquent votre rêve ? Voyez grand en regardant au-dessus de ces mesquineries. Ne perdez pas de temps sur ces petites choses et continuez votre route.

Je vous recommande vivement de lire également le livre de David Schwartz intitulé *La magie de voir grand*.

21. La réussite n'est pas ce que vous avez fait comparé à ce que les autres ont fait

Bien sûr, vous pouvez toujours trouver meilleur que vous ; bien sûr, vous pouvez trouver quelqu'un qui a accompli plus que vous et vous pouvez également trouver des personnes qui possèdent davantage de choses comparé à vous. Mais la réussite n'est pas d'obtenir, d'avoir, ou d'être plus que quelqu'un d'autre.

Vous pouvez trouver meilleur que vous, mais vous pouvez également trouver pire que vous ! Il y aura toujours des gens qui accompliront plus de choses que vous, mais il y aura toujours d'autres gens qui accompliront moins que vous ; vous pouvez donc être fier.

La réussite ne se mesure pas en se comparant aux autres mais en se comparant à soi-même. Ce que j'entends par là, c'est que le succès est ce que vous avez fait, comparé à ce que vous auriez pu faire ou ne pas faire.

Regardez votre parcours passé et demandez-vous si vous avez fait le maximum que vous auriez pu faire.

Si oui → soyez fier de vous, car vous vous êtes donné à fond et c'est tout ce qui compte ; peu importe le résultat.

Si non → qu'est-ce que vous attendez pour tout donner afin d'accomplir vos objectifs ? Bougez-vous les fesses, vos rêves n'attendent que vous.

22.   Devez-vous partager votre projet ?

L'une des choses importantes à vous demander lorsque vous démarrez un projet, c'est de savoir si vous devez en parler autour de vous.

La réponse est : ça dépend, mais dans la majorité des cas, non.

En effet, la grande majorité des gens à qui vous allez en parler, vont vous mettre des rats dans la tête et des doutes vont pousser comme des champignons en vous. Vous entendrez : « c'est dangereux », « toi, tu veux faire ça ?», « c'est trop tard », « c'est trop tôt ! », « tu es trop vieux », « tu es trop jeune », « c'est impossible », « tu rêves » ... La liste de ce genre de pensées négatives que les gens peuvent implanter en vous est encore très longue.

Bien sûr, ce sont des gens bien intentionnés ; la plupart ne veulent pas que vous subissiez une défaite écrasante car votre bonheur leur tient à cœur. Mais en fait, sans le savoir, ils sont en train de reporter sur vous leurs peurs les plus profondes. D'autres, moins nombreux, sont simplement et purement jaloux, même souvent inconsciemment. Ils veulent que vous réussissiez, mais pas tant que ça.

Les seules personnes à qui vous pouvez en parler librement, ce sont celles intimement liées à votre projet. Par exemple, si vous voulez acheter une nouvelle maison, vous devez en parler à des conseillers immobiliers, les gens qui ont accompli ce que vous voulez faire (concept numéro un), ainsi que ceux qui vont assurément vous tirer vers le haut ; c'est-à-dire qui vont prononcer des phrases positives du genre « tu peux le faire ».

Attention, je ne veux pas dire que vous devez chercher uniquement les gens qui vous caressent dans le sens du poil, en approuvant tout ce que vous entreprenez, ou faire l'autruche en vous jetant dans l'arène sans avoir conscience des risques ! Les spécialistes, les gens qui ont obtenu dans leur vie ce que vous souhaitez obtenir, vont vous mettre en garde sur certains points ; mais, venant de leur part, il s'agira de bons conseils à écouter. Ce n'est pas la même chose que ce que peut vous dire votre oncle qui, lors d'un barbecue, vous déconseille de suivre votre projet alors qu'il projette juste ses propres peurs.

Donc soyez très sélectif lorsqu'il s'agit de parler de vos rêves.

23. Définissez votre rêve

J'en ai déjà parlé, mais je le répète : il est primordial et nécessaire de définir votre rêve. Nous allons le faire ensemble maintenant.

Prenez une feuille de papier blanc et un stylo bleu. Et cela même si vous êtes confortablement installé avec votre livre et que vous n'avez pas envie de bouger !

Levez-vous et allez prendre une feuille et un stylo bleu avant de continuer la lecture.

Écrivez **en une seule phrase** ce que vous voulez.

Demandez-vous pourquoi vous voulez cela et écrivez-le également.

Regardez maintenant si votre rêve n'en cache pas un autre. Par exemple, si vous avez écrit « je veux vendre ma maison » et que dans le « pourquoi », vous avez écrit « pour avoir de l'argent afin d'en acheter une autre » ; c'est qu'en fait, votre but est d'avoir de l'argent pour acheter une nouvelle maison, mais pas forcément grâce à la vente de la vôtre. Réécrivez dans ce cas le nouveau rêve.

Ensuite, avec ce nouvel objectif, faites la même chose. Demandez-vous pourquoi vous le voulez et regardez s'il n'y a pas encore quelque chose derrière. Par exemple, voulez-vous vraiment de l'argent ou bien simplement vivre dans une nouvelle maison ?

Évidemment vous voulez vivre dans une nouvelle maison, qu'elle soit payante ou gratuite ! Alors, finalement, ce que vous vouliez n'était pas vendre votre maison actuelle mais habiter dans une nouvelle demeure, point final.

Répétez ce procédé aussi longtemps qu'il le faudra jusqu'à trouver ce que vous voulez vraiment. Demandez-vous pourquoi vous voulez ceci, puis pourquoi vous voulez cela. Cette technique permet de définir votre rêve concrètement, sans artifice.

Il est beaucoup mieux de focaliser sur ce vrai but dorénavant, plutôt que sur un objectif qui en cache un autre, qui en cache un autre, qui en cache encore un autre...

Ne vous sentez-vous pas mieux qu'avant cet exercice ? Si non, c'est que vous l'avez fait de tête... Vous devez le faire à l'écrit...

Ce nouvel objectif ne vous paraît-il pas plus facile à obtenir que le premier ? Normalement oui, car vous vous permettez beaucoup plus de moyens de l'obtenir.

24. Votre revenu est la moyenne de celui de vos cinq meilleurs amis

Observez les personnes qui vous entourent et plus particulièrement les cinq amis les plus proches, ceux que vous fréquentez le plus souvent. Ces gens-là gagnent approximativement le même montant d'argent que vous (en moyenne).

Rappelez-vous, lorsque vos parents vous disaient de ne pas fréquenter les vilains de l'école au risque de devenir comme eux. C'est le même principe aujourd'hui, en tant qu'adulte. Que vous côtoyiez des bonnes ou des mauvaises personnes, elles déteignent sur vous ; que vous le vouliez ou non, même si vous êtes peu influençable. Peut-être pas au début de la relation, les premiers mois, mais sur la longueur. Si vous voyez une personne durant des années, elle aura un impact sur vous, même si c'est inconscient. En fait sa vibration, son aura, son énergie vont influencer votre vibration, votre aura et votre énergie. Il existe toute une science derrière cela qui s'appelle l'épigénétique.

Vous allez donc, petit à petit, adopter un peu des façons de penser et d'agir des personnes que vous voyez le plus souvent. Et cela va également jouer sur le montant d'argent que vous faites.

Je vous entends dire : « Mais Francesco, je suis fauché et mes cinq meilleurs amis le sont également ! Est-ce que cela veut dire que je dois changer d'amis ?»
Malheureusement, je dois vous dire la vérité : la réponse est oui, vous devez commencer à fréquenter des personnes qui gagnent plus si vous désirez gagner plus ; sauf si vos amis actuels sont dans la même optique que vous, c'est-à-dire de gagner plus. Dans ce cas, ils ont **le même état d'esprit,** ce qui est bien, car vous vous tirez les uns les autres vers le haut.

Je ne suis pas en train de vous suggérer de jeter vos amis comme des vulgaires serpillières, mais de commencer à faire entrer dans votre cercle d'amis proches, des personnes qui ont le niveau de revenus que vous souhaitez avoir.

La moyenne des revenus de vos cinq meilleurs amis ne correspond pas au vôtre actuellement ? Cela devrait le devenir dans les cinq prochaines années...

25. Écoutez des audios

Il existe sur YouTube (en téléchargement gratuit ou en achat) une multitude d'enseignements sous forme audio ; des séminaires, conférences et cours enregistrés en mp3.

Si vous voulez du succès, je vous recommande d'en trouver dans les thèmes suivants (c'est approximativement dans l'ordre d'importance) :

- Le développement personnel
- L'argent
- La communication (verbale et non verbale)
- La gestion (de votre argent, de votre patrimoine)
- L'entrepreneuriat
- L'investissement
- Les lois (sur les entreprises, la défiscalisation etc.)

Apprendre sous forme auditive est très pratique car c'est possible quasiment à n'importe quel moment de la journée, même lorsque vous êtes occupé. Bien entendu, vous pouvez vous asseoir et écouter sans bouger, mais vous pouvez aussi écouter et donc apprendre en voiture, en effectuant vos tâches ménagères, en travaillant (si possible), en mangeant etc.

Je vous conseille de le faire tous les jours, même si ce n'est que dix minutes. Certaines personnes se disent que pour dix minutes, cela ne vaut pas le coup.

Si.

Dix minutes par jour, ça vaut le coup, et c'est même mieux que de faire cinq heures d'affilée une fois par semaine. Voici pourquoi...

Chaque jour, vous recevez de l'information négative de vos amis, de votre famille, de vos collègues... Je m'amuse souvent à écouter le sujet de conversation des passants dans la rue. La plupart du temps, une personne raconte un point négatif de sa vie ; un problème particulier, un conflit ou juste un petit désagrément. Tout ceci vous affaiblit, vous descend toujours plus mentalement et énergétiquement, sans même que vous vous en rendiez compte.

Vous devez donc contrebalancer cela avec de l'information positive **tous les jours** également ! C'est vital de le faire. De la même façon que vous nourrissez votre corps chaque jour, vous devez nourrir votre cerveau chaque jour. Cette nourriture mentale doit être positive, constructive et répétitive. Quitte à écouter le même CD encore et encore et encore.

Écoutez des audios tous les jours.

CADEAU BONUS !

Rien que pour vous mes chers lecteurs, et pour vous remercier d'avoir acheté ce puissant livre, je vous offre en récompense :

200 Concepts pour mieux réussir

Version audio !

Téléchargeable gratuitement en entrant le code promo : LIVRE

Allez sur le site : www.mieux-reussir.fr

26. La méthode KISS

Cet acronyme du mot anglophone « kiss » voulant dire « bisou » est utilisé sous différentes formes. Ici, je souhaite parler de la version :

K = Keep
I = It
S = Stupid
S = Simple

En français cela donne « garde-le stupidement simple ».

Souvent nous avons tendance à compliquer tout. Nous voulons bien faire en ajoutant plein de détails qui sont en fait inutiles. C'est la tendance naturelle de notre cerveau, à aimer la complexité. Mais dans la majorité des cas, cela embrouille plus qu'autre chose et nous fait perdre du temps ainsi que de l'énergie pour rien.

Tendez plutôt vers la simplicité. Regardez les grands progrès qui débouchent sur des grands succès ; cela vise très souvent à alléger, faciliter et simplifier quelque chose... Imitez ceux qui réussissent, essayez de **tout** faciliter et épurer dans votre vie, dans le moindre détail.

Cette méthode est très utilisée dans les présentations publiques. Vous voulez expliquer, montrer, vendre une chose à quelqu'un qui vous écoute parler ? Gardez votre présentation stupidement simple ! Épurez, épurez, épurez. Allez droit au but afin que votre auditoire retienne l'essentiel.

Bruce Lee, que la plupart des gens connaissent uniquement en tant qu'acteur alors qu'il était également un grand combattant passé maître dans les arts martiaux, disait que devenir un maître n'était pas un niveau où il n'y a plus rien à ajouter, mais plutôt un niveau où il n'y a plus rien à retirer...

Réfléchissez bien à cet enseignement de Bruce Lee... Il montait sur un ring et pouvait faire cesser le combat en moins de trente secondes. Boum, boum et l'autre était KO ; parce qu'il avait compris qu'il fallait aller à l'essentiel, frapper au bon endroit et de la bonne manière, c'est tout.

Faites la même chose dans vos affaires : soyez simple, précis, efficace.

27. La magie de croire

Ce concept est tout simplement le titre d'un livre de Claude M. Bristol que je vous recommande de lire.

Lorsque vous croyez en quelque chose, vous pouvez quasiment accomplir des miracles.

Je me souviens d'une histoire relatée dans cet ouvrage. Des gens dorment sur un bateau, dans une grande pièce équipée de hublots contenant plusieurs lits. Le groupe se plaint de la chaleur étouffante. Les personnes disent qu'elles n'arrivent pas à dormir tellement il fait chaud.

Leur responsable ouvre alors tous les hublots afin de leur apporter de l'air. Leur sommeil s'améliore grâce à l'aération de la pièce.

Le lendemain, le chef leur avoue qu'en fait, les hublots étaient équipés de deux vitres et qu'en ouvrant la première comme il l'avait fait, cela n'avait absolument rien changé car l'air n'était pas rentré pour autant. Mais il l'avait fait volontairement car il savait que les gens, pensant que c'était ouvert, se sentiraient mieux et s'endormiraient plus facilement.

La croyance peut parfois vous faire accomplir des choses surprenantes !

Cela rejoint le vieux dicton qui dit : « Ils ne savaient pas que c'était impossible, alors ils l'ont fait. » Si vous croyez que c'est possible, alors vous le ferez. D'où l'intérêt d'apprendre et de fréquenter des gens qui ont fait ce que vous voulez faire car ainsi votre cerveau commence à croire que c'est possible et vous attirez alors la réussite.

Comment augmenter votre croyance ? En obtenant, dans un premier temps, de petits résultats. Visez d'abord de petits objectifs grâce aux présents enseignements afin de les atteindre facilement. Ainsi votre croyance que cela marche augmentera un peu. Puis, visez un peu plus grand pour obtenir des résultats encore un peu plus grands, et augmentez encore votre croyance, et ainsi de suite. Plus vous aurez de succès, et plus la croyance augmentera, et plus la croyance augmentera, plus vous aurez de succès.

Lisez le livre *La magie de croire* de Claude M. Bristol.

28. Le succès ne tient qu'à une décision

Tout est dit dans le titre du concept lui-même...

Lorsque vous prenez **vraiment** une décision, quand vous décidez de faire quelque chose coute que coute, rien ne peut vous en empêcher.

Il ne suffit pas d'avoir une simple envie, car dans ce cas c'est comme si vous étiez un petit arbuste frêle qui s'envole au moindre coup de vent. Cependant si vous prenez **une vraie décision** du type « je vais le faire un point c'est tout », alors vous devenez un arbre solide avec de grosses racines que même la plus grosse des tempêtes (et il y aura des tempêtes) ne pourra arracher.

En 2012, je souhaitais intégrer un important club privé, mais il fallait une importante somme d'argent pour en être membre. Durant toute l'année, j'avais « envie » de concrétiser ce désir mais je n'avais pas cette somme-là. Et puis, au bout d'un an, **j'ai pris la décision** de devenir membre. Et bien que ne sachant toujours pas comment je pourrais payer, je suis passé de « je veux... » à « je vais... » ... être membre.

Au bout de quelques semaines, une idée m'est venue sur le moyen de générer cette somme d'argent. Et je suis devenu membre de ce club de développement personnel et spirituel international.

En fait, cette possibilité était là, juste sous mes yeux, depuis un an... Simplement, je ne la voyais pas car le fait d'être membre n'était pas suffisamment important à mes yeux pour trouver une solution. En prenant la ferme décision de le faire, un point c'est tout, mon cerveau s'est inconsciemment et immédiatement mis à chercher un moyen d'y arriver.

C'était la première fois que j'appliquais consciemment ce concept et, depuis, il se produit des miracles à chaque fois que je prends une décision.

Lorsque vous prenez une décision ferme, tout autour de vous, se met à bouger dans la direction de votre ardent désir.

29. Ce que d'autres ont fait, vous pouvez aussi le faire

A moins de créer un type d'entreprise vraiment particulier, c'est à dire qui n'a jamais existé nulle part dans le monde, il y a de grandes chances pour que votre projet ait déjà été tenté ET réussi par d'autres personnes avant vous.

Alors dites-vous cette chose très simple, mais terriblement efficace pour vous aider à réussir : « S'ils peuvent le faire, alors moi aussi je peux le faire ! »

Les personnes qui ont réussi avant vous ont les mêmes capacités que vous ; elles ont deux jambes, deux bras, un cerveau et un cœur qui bat. Ce sont des êtres humains comme vous et moi. Les personnes célèbres, que ce soient des géants comme les chefs d'entreprise de Google, Microsoft, Apple, Amazon etc., des chanteurs ou des acteurs reconnus, des politiciens ou des multimillionnaires dans n'importe quel domaine, sont catégoriquement des personnes constituées comme vous. Elles ont peut-être plus de connaissance dans leur domaine respectif mais, si elles peuvent réussir, vous pouvez vous aussi y parvenir, si vous le souhaitez.

Je recommande de les observer, d'essayer de rentrer dans leur tête et si possible de les rencontrer physiquement, pour persuader votre cerveau conscient et inconscient que ce sont des gens ordinaires.

Inspirez-vous des personnes qui ont réussi ce que vous souhaitez réussir en vous disant que si elles peuvent le faire, vous aussi vous pouvez le faire.

30. Vous êtes soit une cause soit un effet

Dans la vie sur terre, vous êtes constamment soit dans l'une ou l'autre de ces deux positions... Soit vous êtes une cause sur votre environnement, soit vous êtes un effet de votre environnement.

Être une cause, c'est être le commandant en chef de votre vie, la personne qui tient le gouvernail du bateau en quelque sorte ; le gouvernail étant votre vie et vos conditions de vie.

C'est lorsque vous faites des choix de vie et assumez vos actes avec les conséquences qui s'ensuivent. Être une cause, c'est quand vraiment vous bougez et faites des actions concrètes qui ont un effet visible de l'extérieur.

Quelque chose ne vous plait pas ? Vous le changez.

Vous entrez dans l'action.

Vous remuez ciel et terre pour que la vie autour de vous s'adapte à vos désirs.

Être un effet, c'est tout l'inverse. C'est lorsque vous suivez les circonstances ou les gens qui vous entourent et prennent des décisions. L'environnement extérieur devient votre chef.

Vous ne faites pas de choix, vous ne prenez pas de décision concrète et vous laissez le bateau (votre vie), voguer au gré du vent. C'est plus simple pour vous car vous avez moins de responsabilités, mais il y a de fortes chances pour que le bateau coule au milieu de l'océan ou bien s'échoue sur une terre inconnue.

Être un effet, c'est quand vous restez dans vos pensées, que vous n'effectuez pas d'actions concrètes et que vous subissez la vie.

Quelque chose ne vous plait pas, vous vous plaignez... et c'est à peu près tout ce que vous faites.

Vous restez inactif.

Vous ne faites que vous adapter aux désirs des autres et faites en sorte de survivre lorsque des tempêtes arrivent dans votre vie.

La vie est un équilibre éternel entre ces deux positions. Vous ne pouvez pas être tout le temps dans la position de cause, car certaines choses ne dépendent pas de vous ; comme les lois de votre pays. Dans ce cas, bien entendu, vous devez vous adapter aux règles pour ne pas avoir de gros soucis. Mais essayez d'être le plus souvent possible dans la position de cause sur votre environnement. C'est la meilleure des deux positions pour réussir votre vie.

Attention tout de même à ne pas devenir un tyran ! N'imposez pas systématiquement le film que vous voulez voir lorsque vous allez au cinéma avec votre conjoint ! Vous risquerez d'avoir des problèmes bien pires qu'avec la justice !

C'est un équilibre à trouver sans cesse, mais pour les décisions importantes qui ont un impact sur votre vie future, soyez là, soyez présent, soyez une cause.

31. Listez les choses positives du passé

Début 2020, je me suis surpris à avoir des pensées négatives comme : « Ma vie est nulle, je n'ai pas accompli grand-chose etc. » Il faut dire qu'avec le confinement dû au corona virus, nous étions tous quelque peu bouleversés. C'est alors que je suis tombé sur un exercice de développement personnel dont j'avais déjà entendu parler, mais sans vraiment le faire, car il me semblait banal et sans grand intérêt. En fait, j'ignorais la puissance cachée de cette petite astuce très simple en apparence.

Elle consistait à faire une liste manuscrite de toutes les bonnes choses qui m'étaient arrivées au cours des douze derniers mois. Je l'ai donc fait, me disant que ça pourrait peut-être me faire un peu de bien...

C'est à ce moment-là que j'ai pris conscience que, l'année précédente, j'avais tout de même été publié pour mon premier livre (*12 concepts pour mieux vivre votre spiritualité*) et j'avais signé un contrat avec une maison d'édition (ce n'est pas rien quand même !). La même année, je m'étais marié et cela avait été un mariage spectaculaire ! La plus belle journée de ma vie. En continuant l'exercice, j'ai listé au moins une trentaine d'événements extrêmement positifs qui m'étaient arrivés en douze mois. Je ne pensais même plus à toutes ces choses ! Ce simple exercice, qui m'a peut-être pris vingt minutes, a complètement changé mon état d'esprit et m'a fait réaliser que je n'étais pas tant à plaindre que ça et que j'étais, en fait, totalement en train de réussir ma vie.

S'il vous plait, arrêtez la lecture de ce livre pour un moment et faites-le aussi. Ne vous dites pas, comme moi, que c'est inutile, même si vous êtes conscient des bonnes choses qui vous sont arrivées au cours de l'année qui vient de passer. Je vous garantis que vous serez stupéfait ! Vous allez, en cherchant bien, trouver d'autres choses merveilleuses que vous avez faites. Bien sûr, j'avais bien à l'esprit mon mariage et l'édition de mon premier livre mais j'ai été étonné de réaliser toutes les autres petites choses qui, cumulées, ont fait de 2020 une année extraordinaire pour moi.

32. Si vous n'arrivez pas à planifier, vous planifiez de ne pas y arriver.

La réussite et le succès n'arrivent jamais par hasard. Ils suivent toujours une idée, un plan et des actions concrètes.

La réussite, c'est comme une entreprise ; elle doit être dirigée avec un plan sur plusieurs années. Les grandes entreprises prévoient leurs champs d'actions sur dix ou vingt ans... Vous devriez aussi pouvoir vous asseoir tranquillement et élaborer votre avenir sur une dizaine d'années.

Pour certaines personnes cela est difficile, voire impossible. Si vous êtes dans ce cas, essayez d'abord de le faire vraiment avec une feuille et un stylo en main, vous serez peut-être étonné du résultat.
Mais si une fois devant votre feuille vous n'arrivez vraiment pas à planifier votre succès sur dix ans, faites-le sur cinq ans.

Si vous n'arrivez pas à prévoir la route sur cinq ans, faites-le sur douze mois, cela est beaucoup plus facile.

Si vous n'arrivez toujours pas sur un an (en supposant bien évidemment que vous ayez déjà un objectif, sinon c'est une autre histoire ; mais si vous avez suivi mes instructions jusque-là, ce devrait être le cas), alors faites sur un mois.

Si vous n'arrivez pas à planifier sur un mois, vous devez tout de suite vous procurer les livres *La magie de voir grand* de David Schwartz ainsi que *Rendez-vous au sommet* de Zig Ziglar et les lire de toute urgence ! Puis, planifiez les actions qui vous mèneront à votre succès sur une semaine. Tout le monde peut planifier sa semaine. Et faites cela tous les vendredis pour la semaine suivante ou bien le dimanche soir ou encore le lundi matin au plus tard.

Ces plans sont dans les grandes lignes et vous pourrez et devrez les modifier en cours de route. Mais si vous ne planifiez pas, c'est qu'en fait, vous êtes en train de planifier votre échec. Planifiez et vous y arriverez.

33. Prenez quelques engagements envers vous-même

Il est assez important de prendre des engagements envers vous-même, car cela vous motive pour passer à l'action. Prendre un engagement revient à prendre une décision et à dire : « Je vais le faire, un point c'est tout. »

C'est comme si vous signiez un contrat avec vous-même. Lorsque vous signez un contrat, vous vous sentez engagé et (la plupart du temps) vous avez envie de l'honorer. Du moins, vous êtes respectueux envers l'autre partie avec qui vous avez signé.

C'est la même chose pour les engagements que vous prenez pour vous et votre vie. Vous aurez plus envie d'entrer en action pour honorer le contrat. La plupart des gens ne bougent pas leurs fesses parce qu'ils n'ont pas pris un véritable engagement avec eux-mêmes.

S'il le faut, faites-le à l'écrit. Même si c'est un contrat complètement fictif, vous pouvez en créer un, le signer et l'accrocher dans votre bureau, bien en vue, afin d'y penser tous les jours. Par exemple vous pouvez écrire : « Moi ... (prénom, nom), je m'engage à faire chaque jour une action, ou plus, me menant vers mon objectif. » Et vous signez au bas de la page comme un vrai contrat.

Je l'ai fait à plusieurs reprises et cela m'arrive encore. Je vous assure que c'est une technique très puissante. Prenez de fermes décisions pour votre bien-être, et respectez le contrat avec vous-même.

34. Rien dans la vie ne démarre sans d'abord être un rêve

Ayez conscience que tout ce que l'Homme a créé, vient d'un rêve, d'une pensée, d'une image fabriquée par un mental. Rien n'a pu être construit sans d'abord avoir été imaginé.

Pour écrire ce livre, j'ai dû d'abord en faire naître l'idée. Pour qu'il puisse être fabriqué, ma maison d'édition a dû s'en faire une image mentale avant de créer le papier, l'encre, la couverture etc. Réfléchissez-y, c'est le cas pour tout ce qui vous entoure et qui a été fait par un être humain.

Alors, comment cela se passe-t-il concrètement ?

Un rêve est une image mentale faite de formes et de couleurs qui arrivent dans notre cerveau. D'où provient-elle, ça, c'est une autre question et un vrai débat car les avis divergent.

Cette image, au début floue, si elle est maintenue suffisamment longtemps, devient plus claire, plus nette et des détails commencent à apparaître.

Si cette image reste encore plus longtemps dans le mental d'une personne, elle commence à créer des émotions (réponse du corps aux stimulations du cerveau créées par l'image).

Plus l'émotion est maintenue en étant sans cesse alimentée par l'image, plus le corps à envie de se mettre en action pour obtenir concrètement la chose imagée. C'est comme si le corps avait besoin de matérialiser cette image afin de recevoir le maximum d'émotions possible. C'est un peu comme une drogue lors de la première prise (l'apparition de l'image mentale) ; cela n'a que peu d'effet et on peut s'en passer. Mais plus le corps est alimenté par cette drogue (l'image maintenue pendant une longue durée), plus il reçoit d'adrénaline, de sérotonine et d'autres substances biologiques et plus il en veut. Le stade ultime, le summum de la satisfaction, c'est de vivre pleinement cette image dans le réel.

Donc, soyez conscient que tout désir apparaît dans le cerveau sous forme d'image, puis prend de l'ampleur dans le corps sous forme d'émotions (même minime), et ceci met le corps en action pour l'obtention de ce désir. C'est ça un rêve.

Nous pouvons alors dire que nous sommes des machines à créer ; des machines qui concrétisent des choses qui étaient à la base totalement éthérées.

35. Que feriez-vous si l'argent n'était pas la question

Prenez une feuille de papier blanc et un stylo de couleur bleue.

Écrivez en-haut de la feuille l'énoncé suivant : qu'est-ce que je ferais, serais ou aurais si l'argent n'était pas la question ?

Listez tout dans les catégories être, faire et avoir. Si l'argent n'était pas la question, comme si l'argent était illimité, comme si vous étiez multimilliardaire. Prenez le temps de bien réfléchir à tout ce que vous aimeriez être, faire ou avoir si vous aviez les pleins pouvoirs. Cet exercice devrait vous prendre au moins une heure ! Vous devez faire totalement exploser votre imagination. S'il vous faut plus d'une heure et plus d'une feuille, ne vous retenez surtout pas ! C'est un exercice très puissant qui, en fait, vous aide à réussir car il possède plusieurs effets positifs sur votre cerveau.
Faites-le donc tout de suite.
Si c'est la première fois que vous le faites, vous n'aurez peut-être que trois ou quatre lignes. Voici quelques idées pour vous aider à écrire plus ; n'hésitez pas à aller dans les détails :

Travaux dans votre demeure
NouvelleS demeureS (où ? combien de m2 ? quelle décoration ? ...)
NouvelleS voitureS (modèles, couleurs, options...)
Changement d'alimentation
Voyages (où ? en quelle classe de transport ? hôtels ou gîtes etc.)
Dons (famille, associations, œuvres humanitaires...)
Nouvelle garde-robe (détaillez)
Investissements
Création d'entreprise
Formations
Cadeaux
Achats de gadgets électroniques
Plus de temps passé avec les personnes que vous aimez
Apprentissage d'un nouveau passe-temps (musique, art quelconque)
Sports
Autres...

Écrivez vraiment tous vos rêves en prenant le temps d'aller dans les détails. Peut-être pouvez-vous vous installer confortablement dans un fauteuil et écouter une musique que vous adorez.

Je vous demande de faire cet exercice avant de lire la suite de ce livre, c'est très important.

36. Les rêves dans la matière, les plans sur écran

Si vous avez fait l'exercice précédent (celui du concept 35) sur un écran d'ordinateur ou votre téléphone mobile, recommencez tout sur une feuille en papier. Écrire vos rêves sur un écran n'a rien de magique, tandis que le faire à l'écrit, si.

Lorsque vous tapez au clavier, vous n'utilisez que quelques circuits neuronaux, avec vos doigts. Sur un téléphone portable, c'est encore moins car vous n'utilisez que deux doigts. Quand vous écrivez avec votre propre main, sur une vraie feuille, vous créez beaucoup plus de circuits neuronaux grâce aux mouvements de la main et du poignet pour tracer les formes de chaque lettre et de chaque caractère de ponctuation. Écrire vos désirs à la main a un effet bien plus impactant et positif sur votre corps, vos pensées, et votre être intérieur, que si vous les tapez sur un clavier.

Les personnes qui réussissent sont toujours équipées d'un calepin et d'un crayon ou d'un stylo pour noter les idées qui arrivent. Elles emploient du personnel qui tape ensuite sur un clavier mais celles qui sont au sommet écrivent manuellement.

Bien entendu, les plans, les stratégies et ce genre de choses plus techniques ; vous pouvez les écrire sur ordinateur. Mais les premières idées doivent être mises sur papier ; elles doivent en quelque sorte être ancrées dans la matière.

Donc retenez bien ce concept « les rêves dans la matière, les plans sur écran ».

37. Les trois façons de définir un objectif

Il y a trois façons de définir l'objectif que vous voulez atteindre. Vous devez les connaître et choisir consciemment celle qui vous correspond le mieux.

Première façon :

En étant très précis. Exemple : « Je veux une Porsche Cayman rouge, avec telle et telle option, les sièges en cuir noir et surpiqure rouge. »
Vous pouvez utiliser cette méthode pour les choses qui existent en abondance comme les voitures. En revanche, il est déconseillé d'utiliser cette technique pour ce qui est moins quantifiable comme vous marier avec une personne précise. Autre exemple, si vous voulez acquérir une maison, vous ne pouvez pas dire : « Je veux absolument la maison qui se trouve au 128 rue de XXX dans la ville de YYY ». Vous devez dans ce cas, utiliser la deuxième façon.

Deuxième façon :

En étant général. Exemple : « Je veux une maison qui ressemble à celle du 128 rue de XXX à YYY, peut être celle-ci ou bien une autre dans le même style ou dans la même ville, mais dans tous les cas, avec ce genre d'entrée et ce genre de chambres, avec un jardin de type ZZZ... » Dans le cas d'une relation amoureuse, je dirais plutôt : « Je veux un type de personne qui ressemble à X ou Y, mais dans tous les cas, je veux une relation avec une personne qui est comme ceci et comme cela » ...
C'est une excellente façon de faire car vous ne vous limitez pas et vous vous laissez l'opportunité d'avoir des choses encore meilleures que ce que vous espérez.

Troisième façon :

En focalisant juste sur un ressenti que vous voulez avoir. Exemple : « je veux une belle voiture confortable et dans laquelle je me sens en sécurité » ou « je veux une maison dans laquelle je me sens libre, dans l'abondance et où je sens que l'énergie circule bien » ou encore « je veux être dans une relation aimante dans laquelle je me sens écouté, compris et dans laquelle nous avons une très bonne communication ».
Très bonne méthode également, à privilégier le plus possible.

La troisième est la meilleure. C'est celle qui marche le mieux et qui vous apporte le plus de bien-être, mais il ne faut pas être trop difficile. Sinon, essayez au-moins d'adopter la deuxième. La première est la façon la plus difficile d'obtenir les choses, mais pas impossible pour les objets qui sont en grande quantité.

38. Comment manger un éléphant

Manger un éléphant peut paraître impossible et pourtant, à la question « comment mange-t-on un éléphant ?» nous pouvons répondre « une bouchée à la fois ».

Ce concept est à retenir pour les jours où vous vous sentez submergé ou bien quand vous avez un projet tellement énorme à accomplir que vous le pensez irréalisable. Souvent, vous voyez la route de votre objectif tellement longue et vous êtes tellement loin de la ligne d'arrivée, que vous n'avez même pas envie de partir.

Une longue route démarre toujours par un premier pas. Faites le premier pas, puis un seul autre, et encore un seul autre petit pas. Si vous suivez ce simple « truc », qui consiste à faire juste un simple pas de plus, vous arriverez un jour à la ligne d'arrivée.

Vous avez une pièce énorme et plein de bazar à ranger, et vous n'en avez pas envie ? Rangez juste un coin, un seul coin. Parfois il m'arrive même de ne ranger qu'un seul objet par jour ! Cela me prend donc une minute, je peux mentalement prendre une minute de mon temps pour ranger un seul objet. C'est mieux que de laisser tout traîner durant des mois.

Vous avez un tas de papiers à traiter et cela vous donne le tournis ? Traitez-en juste un.
Vous avez une liste de prospects ou de clients à appeler, mais vous n'êtes pas motivé ? Appelez-en juste un.

Pensez toujours à faire juste un pas de plus dans les tâches que vous devez accomplir. La plupart des gens se découragent quand ils voient une montagne face à eux. Ne soyez pas comme eux, pensez que vous pouvez manger un éléphant, une bouchée à la fois. Petit pas par petit pas, vous pouvez tout accomplir. Personne n'a dit que vous deviez tout faire d'un coup. Ceci est une croyance dans votre tête, parce que vous ne regardez que le résultat final. Sauf si c'est votre patron qui vous ordonne de faire tout un tas de choses ; mais dans ce cas, c'est pareil, commencez par une seule action, puis une autre etc.

39. Un message lu ou entendu une seule fois est oublié à 66% dans les 24 heures et pratiquement sorti de l'esprit dans les 30 jours

Lorsque vous apprenez quelque chose, vous allez oublier la majorité de l'information (on estime en moyenne ce chiffre à 66%) dans les 24 heures qui suivent. C'est comme ça, c'est le cerveau humain qui veut ça.

Et si vous laissez l'information ainsi sans revenir dessus, dans les 30 jours suivants, votre cerveau effacera quasiment la totalité des 34% restants...

Ces chiffres sont impressionnants n'est-ce pas ? Vous voulez tester ?

Lisez ce livre en entier, puis laissez passer 30 jours sans le toucher. Prenez alors une feuille et un stylo et essayez de noter de tête tout ce dont vous vous souviendrez ; ne serait-ce que les titres des concepts... 34% de ces 200 concepts pour réussir représentent 68 concepts. Pensez-vous que vous pourrez retrouver de mémoire 68 concepts ou plus ?

Probablement pas.

Ceci prouve que ces statistiques sont justes.

Vous pouvez aussi décider de vraiment intégrer ces concepts pour vous en souvenir davantage et ainsi pouvoir les utiliser dans votre quotidien. C'est une bonne idée, car ce n'est qu'en les pratiquants dans la vie de tous les jours que vous verrez de vrais résultats.

Dans ce cas, reprenez, relisez et pensez à ces concepts chaque jour.

Relisez-les.

Reprenez-les. Peut-être pouvez-vous les écrire à la main pour mieux les ancrer dans votre cerveau.

Pensez-y.

Il n'y a que par la répétition que vous pouvez battre ces chiffres. Il en va ainsi pour les enseignements sur la réussite, mais également pour tout ce que vous décidez d'apprendre et pour toute information reçue.

40. Combien de fois devez-vous avoir raison ?

J'entends par le présent concept, combien de fois devez-vous avoir raison dans vos entreprises en vue d'obtenir le succès ?

Certains pensent « tout le temps », d'autres « la plupart du temps » et certains « au moins 51% du temps, afin de gagner ».

En réalité toutes ces réponses sont fausses.

Pour réussir, vous devez avoir raison une seule et unique fois.

Je m'explique...

Ceux qui sont en quête de succès tentent souvent diverses choses. Ils peuvent essayer différents domaines d'activités, plusieurs stratégies et plans d'attaque. Ces personnes, vous et moi inclus, peuvent échouer encore et encore et encore. Mais il nous suffit d'appliquer la bonne recette une seule fois et cela nous apporte le succès pour toujours.

Thomas Edison a échoué soi-disant dix-mille fois avant de trouver comment créer l'ampoule électrique. Mais il a suffi d'une seule fois pour trouver la bonne recette qui permette de faire bruler les ampoules encore aujourd'hui, des années après...

Les Beatles ont joué durant **des années,** dans des petits bars et dans leur cave. Un soir, ils se sont produits au bon endroit, au bon moment et ont été repérés par un producteur qui leur a tout de suite proposé d'enregistrer un album. Quelques semaines plus tard, ils étaient propulsés dans le top de charts musicaux et commençaient alors leur carrière professionnelle.

Ray Kroc, l'un des fondateurs de McDonald, était d'abord vendeur d'appareils à milkshakes, de gobelets en plastique, de tables pliantes ; il échoua à plusieurs reprises. Au point que, lorsqu'il démarchait pour ouvrir ses restaurants fast food, tout le monde le reconnaissait et on lui riait au nez. Mais une fois en particulier, il vit juste et cette unique fois lui suffit à avoir une réussite spectaculaire, à l'échelle mondiale.

Ne vous souciez donc pas du nombre de fois où vous échouez, simplement continuez jusqu'à ce que tout soit aligné pour vous et appliquez précisément la recette qui vous convient pour accéder au succès.

41. Le point idéal

Votre but devrait se situer dans le point idéal pour maximiser vos chances d'obtention.

Le point idéal se définit par ces deux points cumulés :

- Assez petit pour que votre inconscient puisse croire que vous pouvez y arriver
- Assez grand pour que vous soyez excité à l'idée de l'avoir.

Assez petit

Beaucoup de personne échouent car elles voient beaucoup trop grand (par rapport à leurs croyances).

Plus tôt, je vous ai conseillé de voir grand mais cela s'apprend et doit être graduel. Vous devez laisser le temps à votre inconscient de s'adapter à cette grandeur.

Si vous gagnez depuis vingt ans dans les deux-mille euros par mois et que vous dites soudainement «je veux maintenant gagner quatre-cent-mille euros par mois », c'est voué à l'échec dans quatre-vingt-dix-neuf pour cent des cas. Votre inconscient se dit : « N'importe quoi, j'ai toujours gagné deux-mille euros, quatre-cent-mille n'est pas dans ma réalité, c'est impossible. »

Voyez-vous, c'est comme si tout d'un coup vous aviez une double personnalité. La conscience dit «je veux ceci » et l'inconscient dit « impossible ». Et c'est pour cela qu'une quantité astronomique de gens échouent car ils ne travaillent pas de pair avec leur inconscient.

Cela ne veut pas dire que vous n'aurez jamais cette somme-là ! Il faut juste y aller progressivement et vous habituer à toujours un petit peu plus. Abaissez donc momentanément votre objectif à quelque chose de plus tangible.

Assez grand

Votre rêve doit également être suffisamment grand pour que vous ayez envie de l'atteindre. Vous devez avoir un fort « pourquoi » pour avoir envie de vous lever du lit chaque matin et travailler à votre objectif.

Avoir un trop petit objectif ne vous motive pas et en avoir un trop grand ne vous donne pas la croyance que vous pouvez le faire.

Vous devez trouver le juste milieu, ce que nous appelons le point idéal. Ceci vous conduira jusqu'à l'état mental et physique optimal pour avancer vers le sommet.

42. Comment savoir si vous êtes dans le point idéal

Avec la technique précédente, nous pouvons parfois être troublé et ne pas savoir si nous avons bien défini notre objectif afin qu'il soit suffisamment petit pour y croire mais suffisamment grand pour nous exciter à la fois.

Vous pouvez pour cela appliquer une technique très simple.

Il suffit de regarder comment vous vous sentez lorsque vous y pensez. Il faut vous sentir bien lorsque vous pensez à votre objectif ; ce qui démontre qu'il est dans le point idéal.

Si vous définissez un rêve trop grand, votre inconscient ne vous en croira pas capable et quelque part au fond de vous, vous ne vous sentirez pas si bien. Voir trop grand peut également vous mettre beaucoup trop de pression et vous stresser.

A l'inverse, si votre objectif est beaucoup trop petit, vous ne serez pas assez motivé, et donc vous ne sentirez sans doute pas grand-chose en y pensant.

Il n'y aura pas assez d'enthousiasme en vous et rien qui vous fasse vibrer. Si c'est assez grand, cela aura de l'importance pour vous et vous vous sentirez bien lorsque vous y penserez.

Donc, si vous vous sentez mal ou si vous ne ressentez rien dans votre corps lorsque vous y pensez, c'est que vous n'êtes pas dans le point idéal. Dans ce cas, redéfinissez votre objectif car il y a peu de chance pour que vous l'atteigniez.

Il faut que vous ressentiez un petit feu en vous ; une étincelle qui vous motive et en même temps que vous soyez persuadé de pouvoir le faire. Même si vous ne savez pas encore comment y arriver, vous croyez que vous pouvez le faire. Le point idéal, c'est se sentir bien quand on pense à son objectif.

43. Allez aussi loin que vous puissiez voir et ensuite vous verrez plus loin

Parfois les gens restent bloqués au point où ils en sont parce qu'ils ne voient pas où tout cela va les mener. Ils n'ont aucune idée du chemin final. Et pourtant, ces gens-là pourraient encore avancer. Ils se découragent parce qu'ils ne voient pas le bout du chemin, alors qu'ils voient très bien le début de la route, au moins les premiers pas.

Si vous êtes dans ce cas, que vous ne voyez pas toute la route vers le succès, mais que vous êtes conscient des premiers pas que vous pouvez faire, ce n'est pas grave, avancez, faites ces fameux premiers pas. Allez aussi loin que vous puissiez voir et ensuite seulement, vous verrez plus loin.

Si vous demandez aux personnes riches et célèbres si elles voyaient la route tracée depuis le début, elles vous répondront toutes que non. Elles voyaient juste la ou les premières étapes. C'est tout ce dont elles avaient besoin pour avancer et elles ont avancé. Faites la même chose, avancez tant que vous le pouvez.

C'est comme lorsque vous roulez en voiture la nuit. Vos feux n'illuminent pas toute la route jusqu'à votre point d'arrivée. Ils illuminent juste les premiers mètres, ceux qui sont devant vous, parce que c'est tout ce dont vous avez besoin ! Dans la vie, il est également difficile de voir l'avenir très loin, mais avancez sur la route que vous voyez. Quelque chose de magique se produit lorsque vous arrivez à un point précis ; la route devant vous s'illumine pour vous permettre de vous rendre à un point plus éloigné ! Et ainsi de suite.

Peu importe la longueur de votre route, vous verrez toujours ce qu'est la prochaine étape. Vous verrez juste ce dont vous avez besoin là, tout de suite, alors faites-le. Avancez jusqu'où vous pouvez voir, et ensuite vous verrez plus loin.

44. Ayez votre domaine d'activité dans le sang

Donald Trump a dit, lors d'une interview, que pour réussir il faut avoir le domaine dans lequel nous opérons intégré dans le sang.

Qu'est-ce que cela veut dire ?

Il entend par là qu'il faut avoir votre activité dans la peau. C'est-à-dire que si vous voulez un grand succès dans la vie, vous devez tout savoir sur votre domaine de prédilection et devenir un spécialiste. Vous devez voir votre activité sous tous ses angles et pas simplement en surface. Tout le monde connait les choses en surface. Tout le monde sait ce qu'est une voiture, mais la personne spécialisée dans les moteurs va pouvoir gagner sa vie en étant mécanicien. Tous les mécaniciens savent réparer des voitures, mais un spécialiste de la construction va pouvoir gagner sa vie en construisant des voitures et en étant le PDG d'usines de fabrication. Tout le monde sait ce qu'est un ordinateur, mais un spécialiste de l'informatique saura réparer votre PC, tandis qu'un grand spécialiste de la programmation va pouvoir concevoir des logiciels ou créer des ordinateurs.

Plus vous approfondissez votre savoir dans un domaine précis et plus vous devenez un spécialiste ; ce qui revient à dire que vous avez cela dans le sang. Et plus vous devenez un spécialiste, plus vous surpassez la masse ; ce qui vous mène vers le succès, car le monde aura besoin de votre savoir-faire et de votre expertise.

En conclusion, ne cessez jamais d'apprendre au sujet de votre activité. Vous devez avoir une longueur d'avance, vous devez savoir plus de choses, et avant les autres, afin d'avoir du succès. Vous devez tout savoir et vous spécialiser. Ayez votre domaine d'activité dans le sang.

45. La construction de rêve

La construction de rêve est une technique puissante qui permet de transformer vos rêves en une réalité concrète.

Elle consiste à vous rendre physiquement tout près des choses que vous désirez. Exemple si vous voulez une nouvelle voiture, allez chez le concessionnaire et touchez la voiture que vous voulez. Demandez à vous asseoir à l'intérieur, afin de toucher le volant et tout l'habitacle et ressentez les sensations comme si vous l'aviez. Faites un tour avec le véhicule pour l'essayer afin d'enrichir encore les émotions qui lui sont liées. Et ce, même si vous êtes loin de pouvoir vous l'offrir !

Vous désirez un type d'appartement ou de maison précis ? Allez les visiter, même si ce sont des habitations onéreuses que vous ne pouvez pas encore vous payer.

Vous ne voulez encore rien de précis niveau matériel, mais vous voulez simplement faire plus d'argent ? Allez tout de même faire de la construction de rêve dans des lieux opulents, et touchez du matériel qui vaut cher. Pourquoi ? Ceci vous fait ressentir les émotions nécessaires pour vous procurer plus d'argent, même si vous ne voulez pas ces choses-là. Vous pouvez voir des montres qui valent dix-mille euros et vous dire : « Si des gens peuvent se payer des montres à dix-mille euros juste par plaisir, moi je peux bien gagner tant et tant par mois. »

La technique de la construction de rêve n'est pas à négliger ; elle permet d'élargir votre façon de penser, de voir plus grand, de rencontrer des personnes qui peut-être gagnent plus d'argent que vous. Souvenez-vous du concept n°24 : votre revenu est la moyenne de celui de vos cinq meilleurs amis.

Voir, pour de vrai, les choses ou les types de choses que vous voulez augmente la croyance que vous pouvez l'obtenir dans votre inconscient.

Faites de la construction de rêve une fois par mois, ou plus.

46. Ne laissez personne vous voler vos rêves

Ne laissez personne vous voler vos rêves signifie : ne laissez personne vous dire que c'est impossible. Rien n'est impossible et tout est possible ! Et vous pouvez le faire !

Napoléon Hill dans ses enseignements affirme : « Tout ce que le mental de l'homme peut concevoir et arriver à croire, il peut le réaliser. »

Donc tout ce que vous pouvez imaginer, vous pouvez le faire. Mais comme le dit Napoléon Hill, il faut également arriver à y croire et le problème c'est que, très souvent, les gens autour de vous vont vous persuader que vous ne pouvez pas le faire, et votre croyance s'en trouvera altérée. Et le moindre doute peut faire couler le navire.

Les gens et leur « bienveillance » vont vous dire « attention à ceci, attention à cela, c'est difficile, c'est long, ce n'est pas le bon moment » etc. Ils vous mettent en garde en pointant du doigt uniquement les choses négatives. Et malheureusement, si vous n'êtes pas assez fort émotionnellement et mentalement, si vous n'avez pas suffisamment de force de caractère (voir définition au concept 50), vous serez découragé et vous vous direz : « Peut-être qu'il a raison, je n'avais pas pensé à ce point-là. » Ainsi vous commencerez, sans même vous en rendre compte, à descendre une spirale mentale et filer droit vers l'abandon ou l'échec.

Les gens mettent très facilement des « rats » dans nos têtes. Les « rats » sont les pensées négatives d'échec, de danger, de peur car une pensée négative en entraine une autre qui en crée encore une autre etc.

Ne laissez personne vous mettre des « rats » dans la tête et ne laissez personne vous voler vos rêves.

47. Soyez dans l'état d'esprit « faites-le maintenant »

Les gens qui réussissent, agissent tout de suite. Les gens qui ont du succès n'attendent pas demain. Ils ne procrastinent pas lorsqu'il s'agit de créer leur réussite. Ils sont tous dans l'état d'esprit de le faire maintenant.

Vous aimeriez appeler un professionnel pour lui proposer un partenariat ? Faites-le maintenant.

Vous voulez vous inscrire dans une formation cette année, mais vous hésitez à remettre à l'année prochaine à cause de votre emploi du temps ? Faites-le maintenant.

Vous devez effectuer une tâche ménagère que vous n'avez vraiment pas envie de faire ? **Faites-le maintenant !**

Les gens qui ne réussissent pas réfléchissent, réfléchissent, réfléchissent ; ils ne savent même pas pourquoi ils attendent... Si vous avez envie de faire quelque chose, faites-le maintenant. Si vous n'avez pas envie de faire quelque chose mais que vous devez le faire, faites-le maintenant. Si vous devez faire une petite chose sans importance, faites-la maintenant. Si vous devez faire une grande chose qui vous terrifie, tellement c'est important pour vous, faites-la maintenant.

En fait c'est simple, si vous pouvez faire quelque chose tout de suite, faites-le illico presto. Retenez bien cette phrase : « Si vous attendez, la peur va arriver, si vous sautez vous serez délivré. » Les jeunes parachutistes sautent tout de suite lorsqu'ils arrivent à bonne hauteur. Leurs commandants savent que plus ils attendent, plus ils ont peur, alors, ils les poussent à sauter en premier. Soyez comme ces jeunes militaires très courageux ; faites-le maintenant, faites-le maintenant, faites-le maintenant...

Soyez toujours dans un état d'esprit de le faire maintenant, un point c'est tout.

48. Regardez des vidéos

Vous êtes peut-être étonné par le titre de ce concept. Regarder des vidéos pour avoir du succès ? Oui ! Mais, pas n'importe lesquelles ! Évidemment, je ne vais pas vous conseiller de vous affaler devant la télé toute la journée, surtout pas. Je ne vous parle pas de vidéos qui ne vous enrichissent pas et vous font perdre votre temps.

Regardez des vidéos ludiques ; des vidéos qui vous apprennent des choses, surtout en développement personnel ainsi que dans le domaine d'activité dans lequel vous voulez réussir.

Il en existe des milliers et des milliers. Beaucoup sont gratuites (essentiellement sur YouTube.com) et certaines sont payantes, sous forme de téléchargement. Vous pouvez de nos jours pratiquement tout apprendre à partir de vidéos. Bien sûr il faudra démêler les bonnes et les mauvaises informations dans tout ce qui est disponible. Référez-vous au concept n°1 pour cela.

Enrichissez votre savoir en développement personnel d'abord. Apprenez-en davantage sur le fonctionnement de l'être humain, sa psychologie, ainsi que sur la gestion émotionnelle. Cette dernière est très importante car, sur la route de la réussite, se trouvent énormément d'obstacles émotionnels. En outre, vous serez tôt ou tard confronté à des relations humaines, des négociations etc. Vous devez donc pouvoir communiquer correctement et gérer au mieux les émotions et réactions des autres personnes.

Ensuite seulement, une fois que vous en saurez beaucoup sur l'être humain, focalisez sur votre domaine de prédilection. Par exemple, si vous souhaitez gérer une entreprise de jardinerie, apprenez-en d'avantage dans ce domaine en regardant des vidéos. Tapez « jardinerie » sur YouTube.com et regardez toutes les vidéos.

Cela prend trop de temps ? Il y a une option pour regarder les vidéos YouTube en accéléré tout en comprenant ce qu'il s'y dit. Une vidéo de trente minutes qui vous enseigne à mettre un grillage peut donc être visionnée en quinze minutes seulement !

Croyez-moi, vous en apprendrez plus que ce que vous ont enseigné vos professeurs. Comment puis-je affirmer cela ? Tout simplement parce que peu importe le domaine dans lequel vous avez fait vos études, de nouvelles inventions arrivent pratiquement chaque jour.

L'enseignement a donc du mal à être à niveau au jour le jour. Cependant, des vidéos sont postées chaque heure sur YouTube ; c'est donc une source sans cesse renouvelée et intarissable de nouvelles idées.

Contrairement aux livres et aux audios, les vidéos vous permettent d'apprendre une information par l'ouïe et la vue en même temps. Et vous pouvez bien sûr, à l'aide de votre téléphone, lancer les vidéos et simplement écouter le son si vous devez faire autre chose en même temps.

49. Comment dresser un éléphant

Un jour, un de mes mentors a vu un éléphant de taille adulte utilisé pour le cirque, attaché par une fine corde à un petit piquet planté dans le sol. Il s'est dit que l'éléphant pourrait très bien tirer sur ce piquet et l'arracher pour s'enfuir.
Il a alors demandé au dresseur pourquoi il ne le faisait pas. Et le responsable du cirque lui a expliqué comment il faisait pour le dresser à ne pas s'enfuir.
« En fait, dit le dresseur, lorsque l'éléphant est bébé, nous attachons une de ses pattes avec une chaîne. Cette chaîne est cimentée dans un mur de béton de sorte qu'elle ne puisse absolument pas s'enlever. L'éléphanteau va alors essayer de s'échapper. Il va tirer, tirer et encore tirer sur sa chaîne pendant des jours, parfois des semaines. Et un jour, il va comprendre qu'il ne peut absolument pas s'échapper et que ça ne sert à rien de tirer sur sa patte. C'est à ce moment-là que l'éléphant est dressé. Son cerveau est conditionné à ne plus tirer lorsqu'il y a une tension sur sa patte. Alors, nous pouvons l'attacher à ce simple piquet et lorsqu'il sent la moindre tension, il arrête de tirer. Son cerveau est persuadé qu'il est toujours boulonné à un mur et qu'il ne peut pas s'enfuir. »
Ainsi, mon mentor a compris que l'éléphant était emprisonné...dans sa tête.

Mais il a également pris conscience que c'est la même chose pour nous autres humains. En fait, nous sommes très souvent « emprisonnés dans notre tête ». Nous avons subi des échecs dans le passé, des situations qui se sont produites desquelles nous ne pouvions pas nous « échapper ». Et aujourd'hui, des années après, nous croyons encore ne pas avoir suffisamment de force pour nous libérer et briser ces chaînes. Ces chaînes qui nous maintiennent attachés sont en fait des chaînes solides uniquement dans notre mental. En réalité, ce ne sont que de petites ficelles de rien du tout. Mais nous sommes conditionnés à abandonner dès que nous sentons la moindre résistance.

Vous êtes comme cet éléphant de taille adulte. Vous avez toutes les capacités et toute la force de ce pachyderme pour vous libérer. La persévérance et la croyance que ce sera facile rendront la chose facile. C'est une des techniques que j'utilise en hypnose ou en sophrologie lors de mes séances. Lorsqu'une personne vient me voir car elle n'arrive pas à passer un examen de conduite, d'étude ou bien une situation à venir qu'elle appréhende, j'implante dans son inconscient l'idée que cette situation peut se dérouler positivement. Une fois sortie de l'état alpha, la personne est incapable d'imaginer la situation d'une autre façon que positive. Et lorsqu'elle est confrontée à cette situation, cela se passe toujours extrêmement bien car son cerveau est conditionné pour cela. J'ai cent pour cent de réussite avec cette pratique.

50. La force de caractère

Avoir du caractère est une chose. Mais avoir de la force de caractère en est une autre. Cavett Robert, qui a créé la NSA (Association Nationale des Conférenciers), était un grand séminariste et enseignant. Il est notamment l'auteur du livre *Réussir avec les autres.*

Voici sa définition de la force de caractère : « Continuer de suivre une décision, longtemps après que l'excitation et l'émotion du moment soient passées. »

Retenez-la, affichez-la, pensez-y tous les jours et surtout appliquez-la.

Souvent nous prenons des décisions, nous sommes tout excités à l'idée de démarrer un nouveau projet, une nouvelle activité. Quelques mois après, il n'y a plus personne... C'est un manque de force de caractère. Nous pouvons voir cela en début d'année ; ce sont les fameuses « bonnes résolutions » que nous prenons début janvier et abandonnons début février (si pas avant).

Il est facile de démarrer des projets, tout le monde peut le faire, mais combien ont la force de caractère et la persévérance de continuer lorsque la lassitude s'installe ?

Je vois souvent cela à ma salle de sport. Nous sommes une dizaine d'habitués à venir régulièrement depuis plus d'un an. Des centaines de nouvelles têtes arrivent constamment. Au début, elles sont en feu, très souriantes, elles font des séances incroyables, encore plus longues et plus difficiles que les nôtres ! Et puis après quelques semaines, les sourires s'effacent, cela commence à être difficile et leurs sessions deviennent plus courtes. Et au bout d'un mois ou deux, vous avez deviné ce qui arrive... On ne les voit plus.

Ayez de la force de caractère !

Bien sûr, au bout d'un certain temps, toute activité deviendra lassante. Bien sûr, votre sourire s'effacera de votre visage. Bien sûr, il y aura des moments difficiles. Et oui, l'excitation du début disparaîtra tôt ou tard. C'est comme en amour, au début c'est le feu, puis l'étincelle s'éteint avec le temps, mais ce n'est pas pour autant que vous quittez votre conjoint ? C'est juste que les choses ont changé, mais si vous voulez réussir il faut rester.

Savez-vous le nombre d'émotions que vous recevez en jouant au poker ? Énormément... Quasiment à chaque nouvelle main. Et pourtant, les joueurs professionnels affirment que c'est lorsque vous commencez à vous lasser que vous devenez un bon joueur...

Parfois, je n'ai pas envie d'aller à la salle de sport, mais je me force.

Parfois je n'ai pas envie d'écrire le livre que je suis en train d'écrire, mais je me force.

C'est ce qui forge ma force de caractère. Et c'est une obligation pour atteindre le succès.

Continuez de suivre une décision longtemps après que l'excitation et l'émotion du moment soient passées.

51. Un homme avec un engagement vaut mieux qu'un millier d'hommes avec un intérêt.

Si vous êtes dans les affaires et que vous cherchez des collaborateurs, ne perdez pas votre temps avec des gens qui ont un intérêt pour votre activité. Repérez plutôt les gens avec un engagement. Les gens avec des engagements prennent de vraies décisions et passent à l'action. Vous n'irez pas loin avec les gens qui n'ont qu'un simple intérêt.

Savez-vous combien de personnes m'ont contacté sur les réseaux sociaux avec un intérêt pour mes séances de coaching à distance ? Moi non plus je ne sais pas, car je ne les compte plus. En revanche, les personnes qui m'écrivent en disant « bonjour Francesco, j'ai ceci et cela qui me dérangent dans ma vie et j'aimerais faire des séances avec vous pour me libérer » sont beaucoup plus rares. Quelle est la différence entre ces deux types de personnes ? Les dernières ont pris une décision. Ces personnes sont engagées ! Et à votre avis, lesquelles avanceront mieux dans la vie ? Celles qui ont pris la décision de changer leur vie et de payer pour une séance, bien sûr. Même si je réponds aux questions des premières et que je donne exactement les mêmes conseils à celles qui ont pris la séance, et bien je vois, à chaque fois, que les celles qui n'avaient qu'un intérêt ne font, finalement, rien du tout. Je le vois dans leur vie ; il n'y a aucun changement parce qu'elles n'ont pas appliqué mes conseils. Et elles ne les ont pas appliqués parce qu'elles n'avaient qu'un intérêt. Pourtant je dis parfois exactement la même chose qu'à ceux qui prennent une séance et qui ont des résultats. Faites bien la différence entre les gens avec un simple intérêt et les gens avec un véritable engagement.

Il en est ainsi pour vos collaborateurs comme pour vos clients. Il vaut mieux un seul homme avec un engagement plutôt qu'un millier d'hommes avec un intérêt.

En outre, soyez conscient qu'il en va de même pour vous. Soyez conscient des domaines pour lesquels vous n'avez qu'un simple intérêt et ceux pour lesquels vous êtes vraiment engagé. Vous devez en avoir conscience pour deux raisons.
La première, c'est que si vous vous rendez compte que vous démarrez un projet pour lequel vous ne portez qu'un faible intérêt, vous finirez par abandonner un jour. Par conséquent, focalisez sur les choses pour lesquelles vous êtes vraiment engagé.
La deuxième raison c'est que vous devez savoir que, derrière toute réussite, il y a un engagement réel. Toute réussite est précédée d'un engagement. Si

vous n'arrivez pas à prendre des engagements pour cette activité, c'est qu'elle n'est pas faite pour vous. Ne forcez pas alors, et envisagez d'aller dans un autre domaine dans lequel vous pouvez et aimez prendre des engagements.

52. La croissance de votre entreprise sera directement proportionnelle à la priorité que vous lui accorderez.

Lorsque j'emploie ici le mot « entreprise », ce n'est pas forcément dans le sens d'une société que vous avez, mais de tout ce que vous entreprenez. Vos projets, vos buts, vos objectifs grandiront selon le degré de priorité que vous leur accorderez dans votre vie.

Tout est une question de priorité. Par exemple pour moi, actuellement, l'écriture est prioritaire. J'ai mis cette entreprise au centre de ma vie depuis 2019. C'est-à-dire que j'écris avant de faire quoi que ce soit d'autre. J'ai décidé d'y consacrer trois heures chaque jour, le matin. Donc, tout est focalisé sur cela. Je ne prends aucun appel le matin ; je ne regarde même pas mes notifications du réveil jusqu'à ce que j'achève mes trois heures d'écriture. Je ne pense à rien d'autre, je n'ouvre la porte à personne, je suis tout simplement injoignable. Ma femme le sait et elle ne me dérange pas durant ces trois heures.
Vous trouvez peut-être cela drastique ?
Le résultat est que les ventes de mon premier livre *12 concepts pour mieux vivre votre spiritualité* augmentent. Je viens d'achever l'écriture de mon premier roman Les *rêves de l'aborigène*. J'entame un nouveau projet de roman tout en écrivant les *200 concepts pour mieux réussir* que vous tenez entre les mains, et si vous le tenez entre les mains, c'est qu'il est bel et bien achevé et édité ! Sans compter les petites nouvelles que j'écris occasionnellement pour améliorer mon écriture, ainsi que la création d'une série de manuels pour apprendre à jouer du didgeridoo.
Dans les mois qui arrivent vont donc voir le jour deux, trois ou quatre livres ! Et les gens se demandent comment je fais pour faire couler tant d'encre ? La réponse est simple : j'en ai fait ma priorité.

Le jour où vraiment vous déciderez que votre projet est LA priorité, vous focaliserez dessus. Le reste aura moins d'importance et votre projet va croitre, c'est un fait.

La croissance de votre entreprise sera directement proportionnelle à la priorité que vous lui accorderez.

53. Investissez en vous-même

Warren Buffett, un Américain originaire d'Omaha est dans le TOP 3 des hommes les plus riches du monde avec une fortune estimée à 82,5 milliards de dollars américains. C'est un des meilleurs investisseurs qui existe et, assurément, un homme de qui nous pouvons prendre conseil pour ce qui a trait à l'argent. C'est un modèle de réussite.

Un jour, lors d'une interview, on lui demanda ce qui était, selon lui, l'investissement le plus sûr, le domaine dans lequel on pouvait mettre de l'argent, les yeux fermés.
Warren Buffett répondit sans l'once d'une hésitation : « Vous-même, votre éducation. »

Tout le monde cherche le meilleur moyen de faire de l'argent, de placer l'argent intelligemment, de trouver la méthode qui rapporte le plus. Bourse, immobilier, crypto-monnaies, startups, matière première, marketing de réseau etc. Mais le premier endroit où nous devons investir notre temps et notre argent selon le plus grand investisseur du monde, c'est nous-même.

Ne comptez pas lorsqu'il s'agit de payer des cours, des formations, des coaching privés ou des séances avec un thérapeute pour mieux vous gérer et vous développer personnellement. Ceci est un investissement sûr, car il est valable à vie. Une fois que vous avez appris quelque chose, c'est pour toujours en vous, vous allez utiliser cette connaissance toute votre vie. Tout investissement qui rapporte jusqu'à la fin de vos jours est un excellent investissement et franchement le meilleur. Le développement personnel et l'apprentissage vous rapportent à vie, c'est donc la première zone dans laquelle vous devez placer votre argent.

54. Qu'êtes-vous prêt à abandonner ?

Dans le concept précédent nous avons vu que l'investissement qui rapporte le plus est celui que vous faites sur vous-même. Mais pour cela il faut du temps et de l'argent. Et pour mettre du temps et de l'argent quelque part, il faut ne pas en mettre ailleurs...

Qu'êtes-vous prêt à abandonner pour investir en vous-même ? Êtes-vous prêt à moins regarder la télévision, à abandonner les personnages de votre série favorite, à passer moins de temps avec votre famille, à faire moins de sorties et à manger moins souvent dehors afin d'économiser de l'argent et l'injecter ailleurs ?

Honnêtement ?

Est-ce que vous serez prêt à abandonner tout cela pour réaliser vos rêves ?

La plupart des gens ne le sont pas. Ils disent : « Oui c'est super, j'ai absolument envie de réaliser ce projet, mais je commencerai demain parce que là, il est tard et je vais voir un film avec mon/ma chéri(e). » Ils ne réaliseront rien de grand dans leur vie. Ils n'arriveront pas à accomplir un grand rêve parce qu'ils ne sont pas prêts à abandonner certaines choses qui leur tiennent à cœur.

Dans ce livre, je vous donne parfois des exercices à faire.

Les faites-vous ?

Vraiment ?

Ou bien trouvez-vous des excuses et d'autres choses bien plus intéressantes à faire ? Je sens que j'en bouscule plus d'un là... Je ne vous force pas, vous avez peut-être des choses importantes à faire (importantes de votre point de vue), mais si vous désirez la réussite, le succès et l'accomplissement total dans votre vie, faites les exercices recommandés ici. Ou peut-être que vous ne voulez pas vraiment réussir et c'est OK alors.

Mais dans ce cas, pourquoi avez-vous acheté ce livre ?

Posez-vous ces questions...

Posez-vous également la question de savoir ce que vous êtes prêt à abandonner pour enfin réaliser vos rêves. Faites une liste manuscrite de toutes ces choses.

Et faites-le maintenant.

55. Faites-le, un point c'est tout

Nous avons vu dans certains des concepts précédents qu'il était crucial de définir ce que vous voulez, d'y accorder de l'attention et de focaliser dessus.

Maintenant, des obstacles vont arriver, surtout mentalement ; des peurs, des excuses, des croyances limitantes etc. Vous devez alors vous dire et vous répéter à voix haute : « Je vais le faire, un point c'est tout ! »

Peu importe ce que disent les circonstances. Peu importe ce que disent les gens. Et le plus difficile : peu importe ce que dit votre propre cerveau... ça, c'est le plus difficile... Arriver à vous mettre en action alors que vous faites face à vos propres contradictions. Par exemple, vous pouvez vous dire que vous avez peur ou que les gens vont vous juger ou que vous allez surement échouer... et... le faire quand même !

Si vous arrivez à faire cela, c'est que vous êtes certainement sur la route de la réussite. Lorsque vous avez conscience que votre propre mental vous met des bâtons dans les roues à cause des schémas mentaux négatifs que vous avez et que, malgré cela, vous vous dites « peut-être que j'ai tort en pensant cela, alors je le fais quand même » ; dans ce cas, vous avez tout compris. Vous avez tout compris de vous-même, et, comme rien n'est plus fort pour vous stopper que vous-même, vous devenez inarrêtable.

Soyez dans l'optique de le faire, un point c'est tout.

Dites-vous : « Je vais le faire, un point c'est tout ! »

Écrivez cette affirmation sur un bout de papier et collez celui-ci sur votre miroir de salle de bains. Vous le verrez chaque jour et pourrez ainsi vous souvenir d'être dans cet état d'esprit.

Lorsque vous prenez une décision qui vise votre réussite, dites : « Je vais le faire, un point c'est tout ! » Vous verrez que cela deviendra plus facile car vous aurez de l'énergie à revendre.

« Je vais le faire, un point c'est tout !»

56. Croyez au produit

Beaucoup de personnes choisissent leur emploi, leur activité principale et parfois le but de leur vie en fonction des critères de gain, de mode, de débouchés etc. Si vous choisissez cette voie-là, faites attention au point suivant.

Est-ce que cela vous passionne ?

Si oui, c'est OK.
Si non, est-ce qu'au moins vous croyez au produit ?

Tous les grands PDG qui réussissent sont passionnés par ce qu'ils font et par le produit (ou le service) qu'ils proposent. Chacun aime ce qu'il fait, comment il le fait, et dans quel secteur il le fait.

Alors, à partir de ce constat, pourquoi s'obstiner à vouloir vendre quelque chose dont on se fiche éperdument, un produit auquel on ne croit pas profondément ? Simplement parce que d'autres gagnent de l'argent en le faisant ?

Honnêtement, je ne sais pas pourquoi nous tombons tous dans le panneau. Nous le faisons peut-être par appât du gain. Je l'ai malheureusement fait durant de nombreuses années.

J'ai essayé de réussir dans des sociétés de marketing de réseau en vendant des compléments alimentaires, de l'or, des sites internet, des matelas magnétiques. J'ai également essayé le trading, l'immobilier ou le poker en ligne. Je n'ai jamais obtenu une grande réussite. Pourtant, j'étais la plupart du temps très bien entouré, par des personnes qui gagnaient vraiment beaucoup d'argent dans ces domaines. Je me formais donc auprès des meilleurs, et pourtant ça ne fonctionnait pas pour moi ! Alors j'ai commencé à me demander si quelque chose ne tournait pas rond chez moi... Manque de confiance en moi ? Peurs inconscientes ? J'avais déjà travaillé sur moi durant des dizaines d'années, alors mince, qu'est-ce qui bloquait encore ?

La réponse était que je ne croyais pas aux produits, du moins pas suffisamment. Je pratiquais la plupart de ces activités pour trouver la réussite alors que la plupart des réussites viennent lorsque nous faisons quelque chose qui nous passionne. Aujourd'hui, je crois que le succès, c'est simplement de faire justement ce qui nous passionne indépendamment de l'argent qui rentre.

Alors, si vous ne ressentez pas une grande joie à promouvoir les produits ou services de l'entreprise pour laquelle vous travaillez, vous n'êtes probablement pas à la bonne place pour avoir du succès.

Demandez-vous donc ce qui vous anime.
Pour quoi ressentez-vous un grand intérêt ?
Quelle est votre passion ?
A propos de quel produit ou service avez-vous la certitude que ce soit une bonne chose pour vous et pour tous ceux qui l'utilisent ?
Vous avez trouvé ? Bien, maintenant, faites-en votre métier et vous réussirez.

57. Ayez un cahier de rêve

Il est fortement conseillé d'avoir un cahier de rêve afin de réaliser vos objectifs. Je ne parle pas d'un cahier dans lequel vous notez vos rêves de la nuit chaque matin. Vous pouvez le faire, mais c'est autre chose.

Un cahier de rêve pour le succès, c'est un cahier (ou un classeur avec des feuilles) dans lequel vous allez coller des photos ou des dessins de toutes les choses que vous voulez : maisons, destinations de voyages, célébrités que vous souhaitez rencontrer, yachts, jets privés, piscines à débordement, villa de luxe, limousine avec chauffeur etc.

Vous pouvez aussi l'écrire, mais c'est beaucoup plus puissant avec des images. Cela fait travailler votre imagination et active la loi d'attraction. Beaucoup de gens pensent que cette étape ne sert à rien, que c'est juste une « activité bricolage » pour occuper les personnes qui s'ennuient dans leur vie et qui ne savent pas ce qu'elles veulent. Vous, vous savez déjà ce que vous voulez et vous êtes déjà plongé dans des actions pour atteindre vos rêves. Vous pourriez donc vous dire que vous n'avez ni le besoin ni le temps de faire ce cahier de rêve. C'est faux. Le cahier de rêves peut s'avérer en fait beaucoup plus puissant que les actions que vous faites (rappelez-vous du concept n°4).

En effet, vous allez passer du temps à chercher des images qui correspondent à vos désirs, les imprimer, les découper et les coller dans votre cahier, probablement durant des heures. Ces heures sont précieuses, car durant cette longue période de temps, votre cerveau va émettre certaines fréquences vibratoires. J'approfondirai ces détails techniques plus tard dans ce livre. En fait, c'est comme si vous étiez en train de travailler durement pour votre objectif. Vous serez comme hypnotisé à ce moment-là, l'esprit apaisé, et les pensées que vous émettrez auront alors un impact primordial sur votre réussite.

Comme cela a été prouvé scientifiquement (j'en reparlerai également plus tard), votre cerveau émet des fréquences lorsqu'il pense à quelque chose.

Une fois votre cahier de rêve fini, ouvrez-le chaque jour. Regardez les images de vos buts chaque jour. Pensez-y ; peut-être devriez-vous le mettre sur votre table de chevet pour ne pas oublier. Mais regardez-le tout le temps.

Puis, une fois de temps en temps, mettez-le à jour en rajoutant des nouvelles choses que vous voulez.

Ne négligez pas ce cahier de rêve, c'est un élément de base pour réussir.

58. Ne préjugez personne

Ne préjugez pas les gens, surtout dans le domaine du travail. Vous pourriez être étonné par certains individus. Nous avons vite tendance à juger sur le style vestimentaire, la façon de s'exprimer, l'âge, les goûts etc. Mais les gens ne reflètent parfois pas extérieurement ce qu'ils sont intérieurement. De plus, ils peuvent changer. Pas tous, évidemment, mais chaque être humain sur cette terre a la capacité de changer.

Combien d'anciens drogués, dépressifs ou carrément délinquants ont transformé leur vie et sont devenus des leaders, des porte-parole ou des modèles de succès ? Ils sont nombreux. Imaginez si on les avait préjugés et si on ne leur avait pas laissé leur chance ? Imaginez que je vous préjuge et vous retire ce livre des mains en vous disant : « Vous ? Vous n'allez jamais réussir voyons, laissez tomber ! » Je pense que vous m'en voudriez un peu...

Ne préjugez pas les gens en fonction de leur accent, leur couleur de peau ou pour toute autre raison. Surtout si vous êtes dans le monde des affaires. Vous devez faire un choix pour un nouvel équipier ? Ne préjugez pas, laissez la chance à quiconque de faire ses preuves.

C'est un concept que j'ai appris dans le marketing de réseau. Vous savez, ce sont les sociétés dans lesquelles nous sommes des vendeurs indépendants et nous faisons connaître les produits ou services tout autour de nous, souvent sous forme de réunion à domicile. On nous enseigne à ne pas préjuger les gens et ne pas avoir des pensées du type « lui, ça ne va pas l'intéresser, pas la peine de lui en parler ». Nous devons absolument éviter ce genre de pensées, car (et j'en ai vraiment fait l'expérience) très souvent nos jugements sont faux. Nous ne savons pas ce qui se passe dans la tête des gens.

Parfois, une personne que j'aurais pensé être intéressée par le business, et même faite pour ça, a complètement rejeté mon offre !

L'inverse m'est également arrivé. Des gens que je ne pensais pas du tout intéressés par un produit mais que j'avais tout de même approchés avec ma proposition, avaient en fait tellement adoré le concept, qu'ils étaient devenus partenaires et collaborateurs en plus d'être client !

Vous ne savez pas ce que vous ne savez pas. Vous ne savez pas vraiment ce qu'il y a dans la tête des gens, n'essayez pas de deviner. Ne préjugez personne et parlez de vos produits ou services à tout le monde.

59. Leadez par l'exemple

Leader (relié au mot leadeur) se pratique en montrant l'exemple. Leader veut dire diriger. Et un bon dirigeant donne les ordres à partir de l'avant, à partir du front.

En pleine bataille, si vous êtes le commandant, vous n'allez pas dire à vos troupes : « Allez-y, attaquez l'ennemi et je vous rejoins plus tard. » Non, si vous êtes un bon chef, vous dites plutôt : « Allons-y, suivez-moi, nous attaquons ! » À ce moment-là, vous avancez vers l'ennemi, vos troupes vous suivent, enthousiastes, car vous avez vous-même montré de l'enthousiasme et de la détermination.

Vous ne pouvez pas pousser un spaghetti, vous devez le tirer. Le spaghetti représente ici l'équipe que vous souhaitez diriger. Si vous essayez de pousser un spaghetti collant, vous allez l'écraser ou le déchirer. Tandis que si vous prenez un seul bout et que vous tirez, tout le reste suit. C'est la même chose dans le leadership. Faites les choses à partir de l'avant, c'est-à-dire soyez en première ligne. Montrez l'exemple sinon, personne ne vous suivra, car vous ne serez pas crédible.

Ce que le singe voit, le singe fait. C'est pareil pour les humains, ce que l'homme voit, l'homme fait. Alors, montrez ce qu'il faut faire, n'ayez pas peur de retrousser vos manches et plongez vos mains dans le cambouis.

Mais vous êtes peut-être dans une situation où vous n'avez personne à diriger ou à motiver. Pas de troupe, pas de subordonnés etc. Ne fuyez pas cette page pour autant ! Vous pouvez et devez également utiliser ce concept, même si vous travaillez seul dans un bureau. Vous devez pour réussir, vous comporter comme un dirigeant, comme un leadeur, comme un chef. Tout simplement parce que vous devez vous diriger vous-même, vous motiver vous-même et vous montrer l'exemple à vous-même. Il y a toujours une partie de vous qui est paresseuse, fatiguée, pas motivée ou qui manque de confiance en elle. Vous devez à ce moment-là faire preuve d'une double personnalité en mettant en avant le chef en vous. Vous devez vous diriger vous-même afin d'atteindre vos objectifs.

Un chef montre l'exemple. Donc, montrez à vous-même et aux autres, que vous êtes capable, que vous n'avez pas peur et que vous faites ce qu'il faut faire, peu importe le prix que cela vous en coute. Leadez par l'exemple.

60. Le cerveau est un émetteur et récepteur

Thomas Edison, le grand inventeur (notamment de l'ampoule électrique), ainsi que le célébrissime Albert Einstein qu'on ne présente plus, ont tous les deux trouvé et prouvé que le cerveau humain est un émetteur et un récepteur de fréquences, d'énergie ou de vibrations ; un peu comme les antennes radio. Par exemple, si vous désirez écouter la station de radio NRJ, vous devez régler votre poste sur la fréquence/l'onde NRJ. Votre radio va alors émettre un signal pour ensuite recevoir la même fréquence en retour. Ce mécanisme permet d'entendre NRJ et rien d'autre. Il est impossible pour votre radio de recevoir le signal de la station RTL si elle émet celle d'NRJ.

Edison et Einstein ont démontré qu'il en était de même pour le cerveau. Vous pouvez émettre des fréquences, des ondes, à partir de votre crâne. Comment ?
Simplement en ayant une pensée soutenue. N'importe quelle pensée va créer en fait un circuit neuronal ; ce qui correspond à un chemin électrique, une onde électrique. Ce courant d'électricité va alors créer un champ électrique qui dépasse la boîte crânienne. Ça ne se voit pas à l'œil nu, mais c'est visible avec des machines.

Non seulement ce champ électrique va alors émettre la fréquence que votre pensée a engendrée, mais comme pour la station radio, une fréquence similaire va être attirée en retour.

Ce qui est également prouvé scientifiquement aujourd'hui, c'est que vos fréquences (celles que vous émettez avec vos pensées), sont captées par les autres cerveaux (puisque les autres cerveaux sont récepteurs aussi). Elles peuvent, en plus, influencer la matière physique !

Regardez sur internet les expériences de Masaru Emoto. Il a démontré par exemple que les pensées négatives impactent (au niveau microscopique) tout objet de manière différente que les pensées positives.

Votre cerveau est l'émetteur-récepteur le plus puissant qui existe sur terre.

61. Toute chose est une énergie qui vibre à une fréquence différente

Nous savons maintenant que chaque objet, chaque chose sur cette planète, qu'il soit vivant (vous et moi, animaux, plantes...) ou mort (mur, table, stylo...) est au niveau quantique, c'est-à-dire plus petit que l'atome, simplement de l'énergie, de la vibration, une fréquence.

Nous savons également que chaque chose vibre à une fréquence légèrement différente. Un cahier rouge n'a pas la même vibration qu'un cahier vert car, au niveau quantique, la fréquence électrique des atomes du rouge n'est pas la même que celle du vert.

Chaque couleur émet donc une fréquence différente, mais également chaque matière. Le bois n'a pas la même vibration que le métal ou que le plastique etc.

Donc, gardez bien ça en tête, tout sur terre est fait d'énergie (c'est prouvé) et tout vibre à une fréquence différente (c'est prouvé également). Dans le concept suivant, nous allons mettre en corrélation ce que je viens de dire ici, avec ce dont on a parlé dans le précédent concept. Lisez également le concept n°63 qui vous aidera à vous servir de ces nouvelles connaissances. Ensuite, je vous demanderai de relire les concepts 60, 61, 62 et 63 d'affilée, car ils sont interconnectés et il est essentiel de les comprendre pour la suite de ce livre car tout en découle.

62. Quand vous émettez une vibration, une fréquence similaire est attirée en retour

Nous avons donc vu que votre cerveau est un émetteur-récepteur de fréquence. Et nous avons vu également que tout sur terre est composé d'énergie et de vibration, à une fréquence différente.

Alors la question que vous vous posez certainement c'est : « En quoi cela peut-il nous aider à réussir et à avoir du succès dans la vie ? »

Voici ce qui se passe lorsque vous avez une pensée **soutenue**.

<u>Premièrement :</u> des pensées similaires sont attirées dans votre cerveau. Nous pouvons appeler cela l'association d'idées. Votre mental le fait tout seul. Vous pensez McDonald. Puis arrivent dans votre tête les images ou les mots : hamburgers, frites, sodas, États-Unis, surpoids, gras, jeunes, couleur rouge (ou jaune), etc.

<u>Deuxièmement :</u> si vous arrêtez d'y penser, tout s'arrête là, mais si vous continuez à y penser plus longtemps, ces nombreuses pensées vont activer les cinq sens. Vous allez vous remémorer l'odeur des restaurants McDonald, des cheeseburgers, de l'huile des frites comme si vous y étiez. Et vous allez entendre les bips incessants derrière le comptoir. Peut-être que vous allez saliver si vous en avez envie, ou avoir des haut le cœur si vous n'aimez pas cela. Dans tous les cas, vos pensées vont devenir des vibrations de plus en plus fortes.

<u>Troisièmement :</u> si vous continuez à y penser durant des heures, des jours, voire des semaines ; vous entrerez alors en symbiose avec cette fréquence énergétique et votre cerveau va commencer à recevoir le même type de fréquence : MacDo, MacDo, MacDo... Vous allez commencer à voir des affiches (vous l'attirez dans votre réalité à cause de votre cerveau), des gens vont en parler autour de vous, vos enfants vont vous le réclamer etc. etc. Et si vous maintenez encore cette pensée qui est maintenant devenue une vibration, une fréquence autour de vous (elle s'imprègne carrément dans votre aura), vous allez finir par ne faire qu'un avec votre pensée initiale et vous allez manger un MacDo.

N'est-ce pas là la recette pour réaliser vos buts ? Si ! Ayez une pensée, maintenez-là sur une longue période et la chose finira par arriver dans votre vie. C'est la même chose pour tout. Et n'est-ce pas là une explication scientifique et biologique de ce qu'on appelle la loi d'attraction ? Si...

Si vous voulez une Porsche, le mieux, c'est de se mettre à y penser tout le temps, comme dans l'exemple du Macdo (désolé ce n'était pas un exemple très sain). Les pensées attirent davantage de pensées similaires, qui activent les cinq sens, puis des émotions ; la vibration s'amplifie et vous attirez alors des fréquences similaires de l'extérieur et cela se manifeste finalement dans votre vie.

63. Les trois facteurs d'émission de pensées

Heureusement, nos pensées ne se réalisent pas toutes immédiatement ! Sinon je ne pourrais pas écrire le mot « feu » car vous y penseriez et instantanément, des flammes jailliraient de vos mains et brûleraient ce livre !

Mais alors comment se servir de ce pouvoir que nous avons vu dans les concepts 60,61 et 62, pour matérialiser les pensées que nous voulons voir se concrétiser dans notre vie ?

Il y a en fait trois facteurs à prendre en considération dans la concrétisation d'une pensée.

<u>1er facteur</u> : la quantité.

Il faudra penser à cette chose souvent. Souvenez-vous de l'exemple du MacDo ou de la Porsche ; c'est en y pensant beaucoup que cela finit par arriver dans votre vie physique.
Il ne suffit pas d'y penser juste trente secondes car il faut laisser le temps au cerveau de créer davantage de pensées similaires pour grossir le champ électrique de votre cerveau.

<u>2ème facteur</u> : l'intensité.

L'intensité d'émission d'une pensée dépend souvent des émotions que vous éprouvez lorsque vous pensez à cette chose.
Dire «je veux cent-mille euros, ce serait cool » n'est pas très fort en intensité.
Par contre « Je veux absolument cent-mille euros, ça va être génial ! Je pourrais faire ça, ça et ça ! Oh mon Dieu oui ! J'ai tellement hâte. »
Là, il y a de l'émotion intense, et donc la fréquence correspondant à cent-mille euros sera transmise à partir de votre cerveau avec beaucoup plus de force et aura plus de chance d'être captée par d'autres cerveaux et d'affecter la matière physique.

<u>3ème facteur</u> : la durée.

Penser à votre rêve avec intensité et toute la journée d'aujourd'hui et de demain ne suffit toujours pas. Du moins, dans la plupart des cas. Il se peut que vous ayez un coup de chance et que cela suffise pour manifester votre désir dans un avenir plus ou moins proche, mais c'est peu probable, alors n'espérez pas trop cette rapidité de résultat.

Mettez toutes vos chances de votre côté en y ajoutant une longue durée. Pensez-y avec intensité, encore et encore et encore et **encore** ! Pour certaines personnes il faudra compter des années.

C'est la recette de la réussite. Pensez à votre objectif d'une manière massive, avec de l'intensité émotionnelle et pendant une longue durée.

64. Les faits sont très souvent des opinions

Faites attention aux informations que vous recevez ici et là. Les faits que vous relatent les gens ne sont pas toujours des faits. Très souvent, ils ont été déformés. Les choses ont naturellement tendance à être déformées par le cerveau humain. Et plus les faits passeront d'un cerveau à un autre, plus ils seront modifiés. C'est à cause de la structure mentale du cerveau qui est différente d'une personne à une autre. C'est l'exemple du téléphone arabe. Les gens ne vont donc pas forcément raconter les faits mais davantage leur opinion par rapport aux faits dont ils ont été témoins. Et si ces fameux « faits » leur ont été racontés par une autre personne, c'est encore pis car celle-ci est en train de vous donner son opinion sur l'opinion d'une tierce personne à propos des faits...
Vous me suivez ?

Donc le plus souvent, ce que vous croyez être des faits ne sont en fait que des opinions. Alors trouvez la juste information et ne croyez pas aveuglément tout ce que vous entendez.

Suite au confinement de 2020 à cause du COVID-19, j'ai lancé une activité dans l'immobilier. Tout le monde disait que j'étais fou et que ce n'était vraiment pas le moment de se lancer dans ce secteur car tout serait bloqué. La réalité du terrain, que j'ai pu constater par moi-même, c'est que des milliers de biens immobiliers ont poussé comme des champignons dans toute la France après cette crise, justement à cause du confinement. Beaucoup de personnes ont perdu leur emploi et ont donc eu besoin d'argent ou d'un loyer moins élevé. D'autres, confinées dans de petits appartements, ont décidé de vendre pour acheter un bien avec jardin, terrasse ou au moins un balcon. Des couples ont complètement dérivé et ont décidé de changer de vie en divorçant et en vendant leur bien commun.

Le confinement était un fait mais l'avis des gens sur l'immobilier n'était que des opinions. Si je les avais écoutés, je n'aurais rien fait du tout.
Y a-t-il vraiment une crise ? Oui ? Alors pourquoi tant de personnes réussissent-elles en temps de crise ?
Le monde va-t-il vraiment si mal que ça ?

Lisez également le concept suivant pour en savoir davantage.

65. Quand votre attitude est juste, les faits ne comptent pas

Un jour, un homme qui débutait dans l'immobilier se rendit à une conférence de crise dans sa ville. Le fait était qu'une grosse usine qui s'y trouvait venait de mettre la clef sous la porte, entrainant dans sa chute des milliers de chômeurs.

Dans la salle, il n'y avait que des agents immobiliers car c'était une conférence destinée aux différents corps de métier de ce secteur professionnel. Le but était de trouver une solution à ce défi.

Pendant la pause, l'homme fit connaissance avec ses voisins de chaise en commençant par celui de droite ; un homme d'affaire qui avait une dizaine d'années d'expérience dans l'immobilier dans cette ville.

Il lui demanda comment il vivait professionnellement la fermeture de cette usine. L'homme lui annonça que c'était une véritable catastrophe, qu'il n'entrait plus un seul mandat de vente et qu'il songeait à abandonner l'activité.

Puis il se tourna vers sa voisine de gauche ; une jeune femme distinguée qui avait également dix ans d'expérience. Il lui posa la même question. Devinez ce que répondit la femme ? C'était une véritable bénédiction pour elle ! Tout se passait admirablement bien et son volume de vente avait augmenté.

Même domaine d'activité, même expérience, même ville et même fait ! Pourquoi donc cette femme réussissait-elle alors que l'homme échouait totalement ?

Grâce à son attitude.

Le débutant était évidemment resté en contact avec la femme pour apprendre d'elle et il constata qu'elle voyait tout en positif et qu'elle avait une attitude de gagnante quoi qu'il arrivât.

Nous avons vu dans le précédent concept que, la plupart du temps, ce que vous croyez être des faits, ne sont en fait que des opinions. En outre, ce que vous pouvez constater dans la réalité, c'est que si votre attitude est juste, les faits ne comptent pas. Oui, dans la plupart des cas, si votre attitude et votre état d'esprit sont bons, vous pouvez battre les faits.

Nous ne pouvons pas nous envoler à cause de la loi de gravitation, c'est un fait incontestable. Mais un jour, une personne s'est dit : « Je m'en fiche des faits, je veux pouvoir voler ! » Et il inventa l'avion. Imaginez s'il n'avait pas eu cette attitude et qu'il s'en était tenu aux faits...

Vous ne connaîtriez pas la joie de voler rapidement à l'international pour raisons professionnelles ou pour partir en vacances.

Les faits ne comptent pas lorsque votre attitude est juste.

66. Vos yeux et vos oreilles vous jouent toujours des tours

Vous savez que vous avez cinq sens : la vue, l'ouïe, l'odorat, le goût et le toucher. Ils vous donnent des indications sur le monde qui vous entoure. Les cinq sens sont les liens entre l'extérieur et l'intérieur. Cependant, vous devez savoir qu'ils ne vous retransmettent pas toujours la réalité des choses. Très souvent ils vous jouent des tours.

Vous pouvez voir les vêtements d'un individu et le juger sur son apparence, alors qu'en fait il n'est pas du tout comme vous le pensez. Vos yeux vous jouent des tours.

Imaginons qu'un jour vous fassiez affaire avec un individu espagnol et que cette personne vous trompe et s'envole avec cent-mille euros qui vous reviennent de droit. Des années plus tard, si une nouvelle personne arrive dans votre business avec un accent espagnol, lui accorderez-vous facilement votre confiance ? Bien sûr c'est une autre personne, mais pour votre cerveau, cette personne ressemble à celle qui vous a volé car elle a le même accent. Vous ferez donc moins rapidement confiance, car votre ouïe a associé cet accent au vol des cent-mille euros. Alors qu'en réalité, cette nouvelle personne pourrait très bien être la meilleure personne que vous puissiez avoir comme partenaire d'affaire. Vos oreilles vous jouent des tours.

Alors, comment savoir si vous écoutez les bonnes personnes et si vous prenez les bonnes décisions avec les informations que traitent vos cinq sens ?

La réponse est simple à expliquer, mais pas facile à maîtriser...

En écoutant le sixième sens...

Le sixième sens, ou autrement dit l'intuition, ne se trompe pas. Il peut vous dire d'aller à droite alors que toutes les conditions et toutes les raisons de votre mental vous disent d'aller à gauche. Si une petite voix interne vous dit d'aller à droite, alors allez à droite, même si cela semble insensé. Vous verrez que, finalement, vous aviez raison de suivre votre sixième sens.

Où est situé le sixième sens ? Certainement pas dans le crâne. Il se situe quelque part entre le plexus solaire et le cœur. Difficile à dire précisément, mais avec le temps et l'expérience, vous allez savoir le localiser. Attention à ne pas le confondre avec les émotions qui, elles, sont situées dans le plexus.

67. Espace de travail propre et rangé

Votre espace de travail doit être propre et rangé pour réussir.
Du moins vous avez plus de chance de réussir, bien que ce ne soit pas impossible dans le cas contraire.

En fait, la science a prouvé que le cerveau fonctionne mieux si vous vous trouvez dans un espace épuré, rangé et propre. C'est l'épigénétique : votre environnement influence votre ADN. Donc si votre cerveau fonctionne mieux, il y a beaucoup plus de chance que vous réfléchissiez mieux et que vous preniez les bonnes décisions en vue de votre succès.

Même si c'est le fouillis dans un tiroir que vous ne voyez pas, mais qui se trouve proche de vous, ce fouillis peut embrumer votre esprit. Il y a en fait un aspect énergétique. Comme nous l'avons vu précédemment, chaque chose émet une certaine énergie. Lorsque le désordre est total, les électrons ne tournent pas librement dans les atomes. Ils tournent un peu au ralenti et ceci va ralentir également vos électrons et donc toute votre énergie en est affectée négativement.
Votre esprit sera confus, vous serez fatigué et votre mental aura du mal à être efficient.

La science qui décrit ce phénomène est appelée Feng Shui.
Voici sa définition : « Art décoratif chinois consistant à agencer les éléments d'un logement de façon à faire circuler un courant d'énergie positif parmi ses habitants et, par conséquent, d'améliorer leur bien-être ainsi que leur comportement. »

Je suis certain que vous avez déjà eu cette sensation de bien-être, de contentement, de soulagement après avoir fait le ménage. Vous vous sentez pousser des ailes après l'avoir fait, comme prêt à conquérir le monde ! J'exagère peut-être un peu mais vous voyez ce que je veux dire. Faites un petit peu de rangement chaque jour, si vous n'aimez pas cela. N'attendez pas d'être débordé car c'est décourageant. Faites-en juste un peu aujourd'hui.

Travaillez toujours dans un environnement propre et rangé.

68. Il vaut mieux être une heure en avance que cinq minutes en retard

Avez-vous souvent tendance à être en retard à vos rendez-vous ?
Si oui, c'est une habitude qu'il va falloir changer afin de réussir dans votre vie.

Être à l'heure, c'est respecter le temps des autres. Les autres ont également vingt-quatre heures dans leur journée et pas une minute de plus. Vous ne valez pas plus que les autres pour vous donner le droit de gaspiller leur temps...
Mais être à l'heure, c'est également vous respecter vous-même, car lorsque vous respectez votre timing, vous respectez les accords que vous passez et on ne peut que vous féliciter pour cela. De plus, les autres personnes vous respecteront davantage si vous êtes toujours à l'heure.

Si vous aviez rendez-vous avec quelqu'un d'important, disons le président de la République, viendriez-vous à l'heure ? Probablement. Et pourquoi ? Parce que le rendez-vous est important, parce que la personne est importante et que son emploi du temps est réglé comme une horloge suisse et puis, vous savez que, lui, viendra à l'heure.
Voyez-vous comme le président de la République. Sentez-vous comme une personne importante, comportez-vous comme si tous vos rendez-vous étaient importants et réglez votre emploi du temps avec précision sans prendre de retard.
Pourquoi faire cela ?
Car ainsi les autres vont vous percevoir comme une personne importante, sauront que vous êtes toujours à l'heure et feront également tout pour être ponctuels à votre rendez-vous. Ils seront davantage aptes à conclure des affaires avec vous car le fait que vous soyez à l'heure montre qu'on peut vous faire confiance.
Il vaut mieux être une heure en avance que cinq minutes en retard.

Respecter vos engagements est nécessaire pour avoir du succès. Être à l'heure c'est respecter vos engagements. Plus vous respectez vos engagements et plus vous gagnez en confiance en vous.

Bien sûr, il va arriver que vous ne puissiez pas être ponctuel. **De vrais imprévus** arrivent parfois. Et j'insiste sur **de vrais imprévus**, pas des excuses... Dans ce cas, vous devez simplement prévenir les personnes avec lesquelles vous avez rendez-vous, et cela le plus rapidement possible. En fait, dès que vous savez que vous aurez du retard, prévenez ! Même si ce n'est qu'un retard de cinq minutes ! C'est un grand signe de respect.

Et bien évidemment, excusez-vous lorsque vous arrivez ! Même si ce n'est qu'un retard de cinq minutes. Les gens sont toujours étonnés lorsque j'arrive avec deux, trois minutes de retard et que je m'excuse. Ils regardent l'heure et disent : « Oh ça, ce n'est pas du retard ! » Je réponds que, pour moi, c'est du retard, et que j'estime donc avoir à m'excuser. Effet garanti !

69. Faite chaque jour quelque chose qui vous rapproche de votre but

Pensez à faire **chaque jour** une action qui vous rapproche de votre but. Souvent, nous sommes très loin de notre objectif et nous savons qu'il faudra encore des mois, voire plus, pour l'atteindre. Cela peut malheureusement nous faire remettre les choses au lendemain car la cible est de toute façon encore loin. C'est étrange, mais c'est ainsi.

Alors, imaginez que nous sommes lundi et que vous désirez commander quelque chose par internet. Si vous commandez aujourd'hui, vous pourrez encore l'obtenir cette semaine ; probablement jeudi ou vendredi. Mais si vous commandez demain, vous ne l'aurez que la semaine prochaine à cause du week-end. Allez-vous attendre demain pour passer commande ? Je ne pense pas ; vous préférez passer la commande aujourd'hui et le recevoir en fin de semaine pour pouvoir en profiter tout le week-end. Admettons maintenant que la commande soit décalée de six mois. Si vous commandez aujourd'hui, vous le recevrez un certain vendredi dans six mois. Mais si vous commandez demain, votre colis arrivera le lundi d'après dans six mois. Maintenant, dans votre esprit, cela a moins d'importance d'attendre quelques jours de plus. Pourtant, c'est le même nombre de jours que vous manquez sans votre précieux colis. Étrange n'est-ce pas ?

C'est exactement la même chose pour vos rêves et vos objectifs ! Plus vous attendez et plus vous retardez votre date de livraison. C'est pour cela que vous ne devez pas manquer un seul jour pour vous rapprocher de votre but. Toujours un pas de plus chaque jour, surtout s'il est encore loin ; vous devez y travailler tous les jours.

Par exemple, il me faut approximativement un an pour écrire un livre. Si je décide de ne pas écrire aujourd'hui et demain, cela retarde de deux jours la sortie de mon livre en librairie. Imaginez toutes les personnes qui passent dans une librairie en deux jours... Voyez toutes les ventes potentielles que je rate en agissant de la sorte car les éventuels clients ne rentreront peut-être plus jamais dans une librairie et n'entendront jamais parler de mon livre. Mais la veille, un jour avant, ils l'auraient peut-être acheté. Donc, je me dis que même si j'écris juste un paragraphe aujourd'hui, je me rapproche du but final. Même si j'écris une seule phrase, je me rapproche de l'objectif final. Même si je n'écris qu'un seul et unique mot dans mon manuscrit, c'est un pas de plus vers l'accomplissement de mon rêve...

Avancez tous les jours vers le but que vous vous êtes fixé. Il faut faire un petit quelque chose aujourd'hui et les jours qui suivent, pour arriver un jour à destination.

70. Construisez les gens et les gens vont construire votre entreprise

Beaucoup d'entreprises se portent mal. Pourtant, elles investissent dans du nouveau matériel, des nouvelles machines, des nouveaux ordinateurs etc. Elles n'ont pas compris là où elles devraient mettre leur argent. Je ne dis pas qu'il ne faut pas mettre du tout d'argent dans le matériel, c'est important bien sûr, mais ce n'est pas le plus important. Qui fait tourner les machines ? Qui est installé derrière les ordinateurs modernes et performants ? Qui utilise le matériel ?

Ce sont des personnes.

C'est dans l'être humain qu'il faut investir le plus.

Si vous êtes chef d'entreprise, faites grandir les gens, formez-les constamment. Faites en sorte qu'ils se sentent bien dans l'entreprise. Faites en sorte qu'ils aient envie d'apprendre encore plus pour ainsi les faire grandir.

Ce sont eux qui font grandir votre entreprise. Plus vous ferez grandir vos salariés et plus votre entreprise va grandir.

A quoi bon avoir une nouvelle machine si vous négligez la formation de l'opérateur qui la fera fonctionner ? J'ai vu cela dans différentes sociétés. Résultat des courses, l'opérateur fait mal les choses et endommage votre super machine. Il en résulte une perte considérable de temps et d'argent.

A quoi bon acheter des ordinateurs ultra performants si les personnes devant l'écran ne sont pas motivées à travailler, ou qu'elles n'ont pas toutes les connaissances pour gagner du temps grâce à leur PC ? C'est comme si vous placiez un enfant dans un avion de chasse, cela ne servirait à rien, il ne décollerait jamais et vous perdriez la guerre.

Vous devez former le personnel, le motiver, faire en sorte qu'il se sente bien et ait envie de venir travailler. Laissez les employés développer leur leadership, leur confiance en eux et leur créativité. Investissez du temps et de l'argent dans **toutes les personnes** de votre entreprise. Jusqu'à la femme de ménage ! Surtout si vous avez lu et compris le concept n°58.

Construisez les gens et les gens vont construire votre entreprise.

71. Trois manières de visualiser votre objectif

Il est très important de visualiser régulièrement votre objectif afin de l'atteindre. Voici trois façons précises de le faire.

1ère manière : visualisez la chose que vous voulez. Cette méthode consiste à focaliser votre pensée uniquement sur l'objet de vos désirs. En en regardant mentalement chaque détail. Ce n'est pas la meilleure des façons mais c'est déjà mieux que de ne pas visualiser du tout.

2ème manière : voyez la scène de l'extérieur cette fois-ci, en vous y incluant. Un peu comme si vous étiez dans une salle de cinéma en train de regarder un film dont vous seriez l'un des acteurs. Vous voyez votre corps bouger et faire ce que vous voulez faire ou utiliser la chose que vous voulez.

3ème manière : visualisez la situation à partir de votre point de vue, comme si vous voyiez cela de vos propres yeux. Dans le cas présent, vous n'êtes plus spectateur mais acteur. Par exemple si vous voulez une nouvelle voiture, vous ne vous voyez pas dans la voiture, vous êtes dedans, dans votre tête. Vous voyez vos mains posées sur le volant et la vue du tableau de bord exactement comme si vous y étiez. Ça, c'est une bonne méthode car beaucoup plus réaliste pour votre subconscient. Vous aurez beaucoup plus de chance de persuader votre mental que cela est possible, tout simplement parce qu'il ne fait pas la différence entre réalité et pensée. Donc il croira que c'est tout-à-fait réel et vous savez que plus vous croyez cela possible, plus vous avez de chance de le réaliser. C'est la meilleure des trois manières.

72. Les gens qui réussissent sont toujours prêts à faire ce que les autres se considèrent comme trop bons pour avoir à le faire eux-mêmes

Parfois, avoir trop d'estime de soi se transforme en complexe de supériorité. Et cela nuit à la réussite et au bonheur. Lorsque vous vous sentez supérieur aux autres, vous pouvez commencer à croire que certaines choses ne doivent pas être faites par vous, mais par des subordonnés.

Bien sûr, certaines choses doivent être déléguées et si l'un de vos collègues doit et peut faire une action précise, laissez-le faire.

En revanche, vous devriez toujours être prêt à faire toute tâche afin d'être un gagnant. Vous devriez être psychologiquement et physiquement prêt à « sortir les poubelles ». N'ayez pas peur de vous salir les mains. Que pensez-vous que Donald Trump ferait s'il manquait un ouvrier pour faire couler le béton pour ainsi finaliser un de ses chantiers d'immobilier ? Dirait-il : « Mince, je ne peux pas finaliser ce chantier ! » ? Non, avec la force de caractère qu'il a, il n'hésiterait pas à mettre ses mains dans les sacs de béton, les vider dans la bétonnière et il ferait couler le béton lui-même. Et ce, malgré le fait qu'il soit habillé en costume-cravate !

Les gens qui réussissent font ça. Ils font simplement tout ce qu'il y a à faire et ne se donnent aucune excuse. Ils retroussent leurs manches et les plongent dans le cambouis.

Ne vous considérez pas trop bon pour avoir à le faire vous-même, faites tout ce qu'il faut pour atteindre votre objectif.

73. La connaissance est le pouvoir

Plus vous aurez de connaissance et plus vous aurez de pouvoir.

Je suis un grand amateur de poker. Tous les joueurs de poker savent qu'il y a des similitudes entre ce jeu et la vie. Par exemple, le poker est un jeu à informations manquantes. Il faut prendre des décisions, avec certaines informations, mais vous n'avez pas l'intégralité du tableau. C'est comme ça, et il faut faire avec. C'est pour cette raison que nous nous observons beaucoup entre joueurs, pour essayer de déceler sur le physique de l'adversaire une information que nous n'avons pas dans les cartes que nous pouvons voir.

Nous essayons également de mémoriser comment la personne mise avec tel et tel type de main de poker pour deviner, plus tard dans la partie, les cartes qu'elle peut bien avoir selon ses mises.

A l'inverse, nous essayons de cacher le plus d'informations possible sur le type de main que nous avons.

Imaginez que vous puissiez toujours voir les cartes de vos adversaires et qu'ils ne puissent pas en faire autant... Il est évident que vous gagneriez toutes les parties.

Le poker est donc clairement un jeu d'informations. Plus vous en avez, plus vous avez de chances de gagner. Moins les adversaires en ont, moins ils ont de chances de gagner.

Il en est de même dans la vie et dans les affaires. Plus vous avez d'informations et de connaissances, plus vous avez de chances de réussir.

Nous pouvons clairement voir cela dans le domaine de la science. Si vous faites une découverte avant tout le monde, vous avez une longueur d'avance. Et si vous en déposez le brevet, ça sera en votre nom pour l'éternité.

Lorsque j'ai débuté dans l'immobilier, je suis allé voir un prospect qui avait une parcelle de terre à vendre.

Il m'a demandé de deviner combien il voulait pour ce terrain.

J'ai répondu que je ne savais pas, car j'étais plutôt spécialisé en vente de maison (la vérité est que cela faisait quelques semaines que j'avais démarré et que je n'y connaissais absolument rien).

Le rendez-vous a duré moins de cinq minutes. C'était perdu d'avance ; je le savais et il le savait aussi. Il m'a dit que mes honoraires étaient trop élevés mais peu importe la raison, c'était une évidence qu'il s'y connaissait mieux que moi et qu'il allait travailler avec une autre agence. J'étais conscient que je n'en savais pas assez pour conclure cette affaire.

Glanez sans cesse de l'information. Vous devez être à la pointe des connaissances car la connaissance est le pouvoir.

74. Le cycle de la réussite

Lorsque vous avez une réussite, votre confiance en vous augmente.
Lorsque vous avez confiance en vous, vous faites plus d'actions.
Lorsque vous faites régulièrement des actions, vous installez des habitudes.
Et avec de bonnes habitudes, vous générez du succès.
Ceci est le cycle de la réussite. La réussite construit la confiance en soi, la confiance en soi crée l'activité, l'activité crée les habitudes, et ces dernières engendrent davantage de réussite.

Le plus difficile est de démarrer ce cycle, de le faire tourner comme une roue. Vous pouvez démarrer par n'importe quelle étape, car elles mènent toutes à la suivante. Si vous augmentez votre confiance en vous, vous allez entrer dans l'action. Si vous vous forcez à faire des actions, vous allez automatiquement installer des habitudes de réussite. Si vous obtenez une réussite, vous allez augmenter votre confiance et ainsi de suite.

Mais la meilleure façon de lancer ce cycle de réussite afin que cela dure, c'est d'obtenir une réussite en premier.
Vous allez me dire, OK, mais comment je fais pour avoir un succès à partir de rien.
La réponse est que vous devez avoir un petit succès d'abord. Faites en sorte d'obtenir une réussite, n'importe laquelle, même minime. Même si ce n'est que d'oser parler à un inconnu dans la rue. Peu importe. Fixez-vous un mini objectif, un petit résultat auquel vous raccrocher et ainsi avoir un peu de confiance en vous.
Il vous faudra à ce moment-là célébrer cette petite victoire !

Donc fixez-vous un petit objectif que vous pouvez atteindre facilement et rapidement.

1. Réussissez.
2. Augmentez la confiance en vous grâce à cette réussite.
3. Faites plus d'activité.
4. Mettez des habitudes en place.
5. Obtenez davantage de réussite.
6. Recommencez le cycle et profitez du voyage !

75. Les gens qui réussissent sont toujours trop occupés à faire ce dont les autres sont encore en train de parler

Les gens parlent beaucoup et agissent peu. Et ils disposent de plein de temps pour parler. Ces personnes appartiennent à la catégorie des perdants.

Les perdants ont de bonnes idées mais ils n'en font rien parce qu'ils ne font qu'en parler. « Il faudrait faire ceci... » et « ça c'est une bonne idée » etc. Ils en parlent à leur famille, à leurs collègues, à leurs amis, à leurs voisins ; bref, ils en parlent beaucoup trop et tout le temps.

J'ai rencontré des personnes que je n'avais pas vues depuis dix ans. Elles n'avaient toujours pas lancé l'idée qu'elles avaient déjà en tête, dix ans auparavant ; pour X raison. Et elles en parlent encore ! Véridique ! Ceci est incroyable, mais c'est vrai.

Les gens qui réussissent n'attendent pas dix ans pour concrétiser une idée. Ils sont plutôt du genre à en lancer dix chaque année ! Et ils sont toujours occupés, vous avez remarqué ? Pourquoi sont-ils tout le temps occupés ? Et bien justement parce qu'ils sont en train de lancer, de mettre en place ou de faire fonctionner leurs projets.

Arrêtez de parler et faites les choses.

Gravez ce concept dans votre crâne : « Les gens qui réussissent sont toujours trop occupés à faire ce dont les autres sont encore en train de parler. »

Il y a un temps pour parler et un temps pour passer à l'action.

Bien sûr, les perdants savent qu'un jour, il faut entrer dans le vif du sujet, ils ne sont pas bêtes, mais le problème c'est qu'ils se trouvent toujours des excuses : « Je n'avais pas le temps, je n'étais pas motivé, j'étais enceinte, j'étais au chômage, je déprimais, j'avais mal à la tête, la lune était pleine etc. » Ils remettent au lendemain, au mois prochain, à l'année suivante. Finalement, ce genre d'excuse mène à la vie suivante...

Les gens qui réussissent sont toujours trop occupés à faire ce dont les autres sont encore en train de parler.

76. Vous pouvez obtenir tout ce que vous voulez dans la vie si vous aidez suffisamment de personnes à obtenir ce qu'elles veulent

Ce concept a été énoncé par Zig Ziglar, un grand homme dont nous devons prendre conseil. D'ailleurs, je vous recommande vivement de lire son ouvrage best-seller *Rendez-vous au sommet*. C'est un livre très complet sur l'attitude, les pensées et les comportements à développer quand on veut réussir. Achetez ce livre et lisez-le sans modération.

Réfléchissez donc à son affirmation. Vous pourriez à première vue, vous dire « oh non, je ne vais pas penser aux autres, je veux réussir et puis c'est tout », ou bien « je ne vois pas en quoi aider les autres va m'apporter plus d'argent ». Mais alors comment font les gens riches pour être plein aux as ?

Voyons pour cela, le top cinq des personnes les plus riches en 2020 :

Jeff Bezos, président d'Amazon. Il permet à des millions de personnes de vendre et d'acheter toutes sortes de produits dans le monde entier.

Bill Gates, président de Microsoft. Il permet à des millions de personnes d'avoir un ordinateur chez elles.

Bernard Arnault *(super, un français !)*, président de LVMH. Il permet à des millions de gens d'avoir des produits de luxe de haute qualité.

Warren Buffet, président de Berkshire Hathaway. Il permet à des centaines d'entreprises de fonctionner en ayant tous les fonds nécessaires et donc à des milliers de personnes d'avoir un emploi.

Larry Ellison, président d'Oracle. Il permet à des millions de personnes d'utiliser des logiciels performants.

Comme vous pouvez le constater, ils proposent tous des produits ou services qui aident des milliers voire des millions de personnes dans leur vie quotidienne. Je me suis arrêté aux cinq premiers, mais vous pouvez vous amuser à regarder la liste au-delà du top dix ; ce sont toujours des entreprises qui fournissent quelque chose à grande échelle.

Vous voulez de l'argent ? Demandez-vous ce qu'est réellement l'argent ? La définition de l'argent, c'est une monnaie **d'échange**. Il n'y a donc qu'une seule possibilité d'en avoir : en l'échangeant contre quelque chose d'autre.

Plus vous aurez de choses à échanger et plus vous en aurez en retour. Que ce soit en grande quantité ou en grande qualité. C'est-à-dire que vous pouvez soit échanger un produit ou un service de mille euros à dix personnes, ou bien échanger un produit ou un service de dix-mille euros à une seule personne. Vous aurez dans les deux cas la même somme en retour.

77. Réduisez les pensées qui puent jusqu'à ce que la boule blanche devienne plus grosse

« Les pensées qui puent » est également un concept provenant de Zig Ziglar tout comme le précédent concept. Il entend par là les pensées négatives qui pourrissent en vous et qui, petit à petit, détruisent votre cerveau par les toxines qu'elles dégagent.

A force d'avoir des pensées qui puent, une boule noire s'est forgée tout autour de vous (ne cherchez pas, elle n'est pas visible à l'œil nu). Cette boule d'énergie noire et gluante attire à vous d'autres énergies du même type. Vous avez peut-être remarqué que lorsque quelque chose ne va pas, tout le reste à tendance à s'aggraver en même temps ! C'est horrible lorsque cela arrive. Vous êtes juste financièrement et, comme par hasard, la voiture vous occasionne des frais de réparation, juste maintenant !

C'est à cause de cette boule noire qui attire des situations encore plus sombres.

Rassurez-vous, vous avez encore et toujours une boule blanche, une boule d'énergie positive et lumineuse. Chaque fois que vous avez une pensée positive, vous alimentez la boule blanche. Vous devez maintenant arriver à trouver le point de basculement.

Le point de basculement, c'est quand la boule blanche est plus grosse que la noire. Vous avez encore quelques pensées négatives, mais les positives sont plus fréquentes. A partir de là, tout devient plus facile, car vous commencez à attirer davantage de pensées de ce type et des situations qui engendrent davantage de pensées agréables et lumineuses.

C'est le but à atteindre le plus rapidement possible. Ensuite, lorsque cela sera équilibré mais que la boule blanche sera légèrement plus grande, il faudra continuer à l'alimenter. Persévérez jusqu'à ce qu'elle soit immense et qu'elle écrase totalement la noire. Ainsi votre vie deviendra magique, vous aurez une aura lumineuse et attirerez à vous plein de belles choses.

Réduisez les pensées qui puent, augmentez le nombre de pensées positives jusqu'à ce que votre boule blanche soit plus grande que la noire, puis continuez jusqu'à ce que votre vie devienne extraordinaire.

78. Dans les affaires, les choses ont tendance à ne pas arriver.
C'est à vous de les faire arriver.

Avez-vous remarqué qu'en général, quand vous avez un objectif, ça ne se passe jamais comme vous l'aviez espéré ? Dans la vie et dans les affaires, ça ne se passe jamais comme nous l'avions envisagé.

En fait, on aurait plutôt tendance à croire que les choses fonctionnent contre nous ! Ce n'est pas que ça fonctionne contre nous, c'est juste que ça ne fonctionne pas tout seul. Les choses n'ont pas naturellement tendance à se faire d'elles-mêmes. Du moins dans le domaine du succès et de la grande richesse.

Reprenez la liste des cinq personnes les plus riches que j'ai citées au concept 76, et demandez à chacune d'elles si c'est arrivé tout seul. Demandez-leur si c'est l'univers qui a livré le grand succès au pied de leur porte.

Croyez-vous vraiment qu'ils n'ont fourni aucun effort ? Nous parlons beaucoup de la pensée positive, de l'énergie, de l'attitude, de la loi d'attraction pour obtenir le succès et je suis tout-à-fait d'accord avec ces principes ; il faut les utiliser, j'en conviens. Cependant, la grande réussite financière est une grande réussite **matérielle.** Et qui dit matérielle dit **matière**...

Si vous désirez une grande réussite matérielle, vous ne pouvez pas rester plongé dans le monde spirituel. Il va falloir remuer du matériel, j'entends par là, entrer dans l'action de la vie terrestre.

Être un créateur, c'est créer à partir de la pensée (donc sur le plan spirituel), une chose que vous allez ancrer dans le monde physique. C'est donner vie à une chose qui était intangible à la base. Il faut un être créateur pour pouvoir matérialiser votre idée ; elle n'a pas tendance à se matérialiser toute seule. Et dans la plupart des cas, cet être créateur, c'est vous et **vous seul** !

C'est à vous de faire arriver les choses.

79. Soyez toujours en train d'apprendre et de vous améliorer

Ne vous endormez pas sur vos lauriers. Ne pensez pas un jour tout savoir car vous ne saurez jamais tout. Il faut sans cesse apprendre.

Oui, je sais que vous savez cela... Tout le monde sait cela... Mais tout le monde ne le prend pas sérieusement en compte.

Un jour, je coachais une personne par Skype et lui donnais cet enseignement. Cette dame me répondit alors qu'elle savait cela, qu'elle était très enseignable et qu'avec son expérience de vie, elle avait compris qu'on apprenait tous les jours. Mais je sentais qu'elle n'était pas vraiment enseignable. J'arrivais à percevoir que ce que je disais rentrait par une oreille et ressortait par l'autre. C'est d'ailleurs pour cette raison que j'en étais venu à ce sujet avec elle. Alors il a fallu que je la teste. Je lui demandai donc quelle dernière chose elle avait apprise. Elle réfléchit longtemps avant de trouver. Et puis elle me répondit que, le week-end précédent, elle était chez sa belle-mère et qu'elle avait appris une nouvelle méthode pour planter des courgettes.

Je lui demandai alors si cela pouvait l'aider dans sa réussite (c'était possible si elle travaillait dans le domaine des fruits et légumes mais ce n'était pas le cas.) Elle me répondit que non.

Ensuite je l'interrogeai sur la dernière formation qu'elle avait suivie. Elle se mit à nouveau à réfléchir, et après quelques minutes, elle évoqua une formation qu'elle avait suivie lorsqu'elle avait vingt ans... Au moment du coaching, elle avait la quarantaine !

Je lui fis ainsi prendre conscience qu'elle n'était pas réellement enseignable. Trois mois après, elle s'inscrivit dans une formation et donna un coup de boost considérable à sa carrière.

Maintenant le moment de vérité est arrivé...

Quelle est la dernière chose que vous avez apprise ?

Quelle est la dernière formation que vous avez suivie ?

Et pour vous, j'ajoute une dernière question afin de vous faire passer à l'action : quelle est la prochaine formation que vous allez suivre ?

80. La vitesse du leader est la vitesse du groupe

S'il y a une chose que j'ai apprise dans le marketing en multiniveaux, c'est que dans un groupe, la vitesse du leader est la vitesse du groupe.

Dans tout groupe ou assemblée de personnes, qu'il s'agisse de groupes professionnels, amicaux ou familiaux, il y a un ou plusieurs leaders. Ce sont des chefs qui, en quelque sorte, prennent les décisions pour tout le monde.

Je ne parle pas de rapport dominant-dominé ; je parle simplement de certaines personnes qui osent prendre des risques (les leaders) alors que d'autres (les suiveurs) préfèrent faire ce que les premiers proposent. Rien de mal à cela, il faut de tout pour faire un monde.

Cependant, si vous cherchez la réussite et un grand succès, vous allez devoir développer votre leadership.

Sachez que le groupe suit toujours le leader. C'est-à-dire qu'il s'adapte à ce que fait le chef et à sa façon de le faire. Le leader, c'est comme la locomotive d'un train, il tire tout ce qui est derrière. C'est le moteur.

Vous avez un chef tyrannique et stressé ? En général, vous avez également un groupe, derrière lui, tyrannique et stressé.

Vous avez un chef sympathique et joyeux ? En général, vous avez également un groupe, derrière lui, sympathique et joyeux.

Vous êtes un leader lent et peu motivé ? La majorité de votre équipe le sera aussi.

Vous êtes un leader dynamique et très motivé ? Vous verrez que la plupart de vos subordonnés abattront également un travail considérable !

En tant que leader d'un groupe, faites donc un travail d'observation sur vous-même et voyez si vous agissez comme vous voudriez que votre équipe agisse. Modifiez votre façon de faire en cas de nécessité.

81. Le succès engendre le succès

Avez-vous remarqué que certaines personnes sont « bénies » ? Tout ce qu'elles touchent se transforme en or. Elles réussissent tout ce qu'elles entreprennent et ont du succès dans différents domaines de leur vie. C'est parce que le succès engendre le succès.

En fait, plus vous avez de succès, et plus vous aurez du succès. Vous devenez en quelque sorte un aimant à réussite.

Comment s'explique ce phénomène ?
De différentes façons. La première est due au cycle de la réussite vu au concept n°74. Je ne vais donc pas le répéter ici, relisez le concept pour en savoir plus.

Ensuite, lorsque vous avez un succès, vous dégagez une aura de réussite et de gagnant. Les autres commencent donc à vous voir davantage comme quelqu'un qui réussit. Ainsi, ils seront plus aptes à vous faire confiance et à vous suivre dans une affaire. Vous serez beaucoup plus crédible en ayant déjà obtenu une première réussite.

Selon un vieux dicton : « Le premier million est le plus difficile. » Cela veut dire qu'il est peut-être difficile de gagner votre premier million d'euros, mais qu'une fois que c'est fait, vous pouvez créer à nouveau ce résultat, encore et encore, et ce, d'une manière plus facile.

Pouvez-vous déclencher une avalanche du haut d'une montagne ? Non vous allez me dire, à moins d'avoir de la dynamite ! Ce n'est pas vrai. Le plus difficile pour créer une avalanche, c'est simplement de savoir faire une boule de neige. Si vous savez faire une boule de neige, vous pouvez la laisser rouler du haut de la montagne. Elle va rouler et grossir, grossir encore et encore, jusqu'à ce qu'elle soit tellement grande et lourde qu'elle déclenchera l'avalanche.

Une toute petite réussite peut donc en entraîner une autre. C'est pour cela que je vous ai déjà conseillé de vous fixer un petit objectif facilement atteignable. Plus vite vous aurez un succès et plus vite vous en aurez un deuxième et un troisième puis un quatrième. Et vous arriverez au bout de votre vie en ayant accompli tellement de belles et grandes choses, que vous ne vous souviendrez même plus que tout cela a été déclenché par une toute petite action, des années auparavant.

Ayez une petite réussite et célébrez-la, car ainsi vous déclencherez l'avalanche de succès. Un succès engendre un autre succès, qui en entraine un autre etc.

82. L'excusite, la maladie de l'échec

Popularisée par David J.Schwartz dans son livre vendu à plus d'un million d'exemplaires *La magie de voir grand,* la maladie n°1 qui cause l'échec serait l'excusite.

C'est une maladie hyper répandue qui cause un grand nombre d'échecs. C'est le fait de se trouver des excuses pour ne pas engager les actions nécessaires pour réussir.

Voici, selon lui, les quatre formes les plus répandues de l'excusite :

L'excusite de la santé
« J'ai mal ici, j'ai mal là, je n'ai pas assez d'énergie etc. » S'il-vous-plait, arrêtez la lecture maintenant. Posez le livre et allez voir des vidéos du conférencier Nick Vudjicic. Même si ce n'est qu'une minute, vous verrez que vous allez éradiquer votre excusite de la santé et filer droit vers votre succès.

L'excusite de l'intelligence
« Je ne suis pas suffisamment intelligent, je n'ai pas fait les bonnes études, je n'ai pas les connaissances etc. » Connaissez-vous Ford ? Bien entendu que vous connaissez la marque de voiture Ford, du créateur du même nom, Henry Ford. Pensez-vous qu'il était particulièrement intelligent ? Tout dépend de ce que l'on met derrière le mot intelligent. Il a quitté l'école à quinze ans alors qu'il était le dernier de sa classe. Il savait à peine lire et a écrit avec difficulté tout au long de sa vie. Cela ne l'a pas empêché d'être l'un des hommes les plus riches de son époque.

L'excusite de l'âge
« Je suis trop jeune, je suis trop vieux ». Mark Zuckerberg a lancé Facebook à l'âge de vingt ans. Morgan Freeman n'a joué que des seconds rôles durant une vingtaine d'années. Ce n'est qu'à l'âge de cinquante-deux ans qu'il a atteint la célébrité au niveau international grâce à un rôle principal ; un âge auquel la plupart des gens diraient : « Maintenant, j'approche de la retraite, ce n'est plus la peine d'espérer quoi que ce soit. »

L'excusite de la malchance
« Je n'ai pas de chance dans la vie, le succès n'est pas pour moi etc. » A ce stade, vous avez quasiment lu la moitié de ce livre. Vous devriez donc avoir déjà compris que la réussite n'est pas une question de chance ou de malchance. Vos pensées et vos croyances créent votre réalité.

« Que vous pensiez que vous pouvez le faire, ou que vous pensiez que vous ne pouvez pas le faire, dans les deux cas vous avez raison. » Henry Ford

83. Ne devenez pas le meilleur dans les choses sans importance

Certaines personnes se spécialisent dans les choses sans importance. Elles deviennent très bonnes et peuvent acquérir de nombreuses connaissances dans des domaines qui, en fait, ne leur servent pas vraiment.

J'insiste beaucoup sur le fait de toujours apprendre et d'être continuellement en train de vous former dans ce livre. Mais il faut préciser qu'il ne sert à rien d'approfondir des connaissances qui ne vous aident pas à réussir.

Cela peut vous paraître une évidence mais, en fait, vous pouvez facilement tomber dans le piège. Tout comme ma cliente qui avait appris comment planter des courgettes alors que ses objectifs de réussite ne se situaient pas du tout dans le domaine des légumes.

Il faut que votre apprentissage soit de près ou de loin lié à votre domaine d'activité, et qu'en plus, il vous aide directement à augmenter le volume de vente, la satisfaction des clients et collaborateurs ou l'augmentation du chiffre d'affaire.

84. Ne pas confondre activité et accomplissement

L'activité, c'est faire des actions que vous ne pouvez absolument pas rater. Exemple : ranger votre bureau, déplacer le tableau blanc, refaire un PowerPoint de présentation etc. Ce sont des choses que vous êtes certain de réussir mais qui ne vous apportent pas directement une vente ou un succès.

L'accomplissement, c'est faire des actions que vous pouvez échouer. Exemple : appeler un prospect pour lui proposer un rendez-vous, suggérer une vente additionnelle à l'un de vos clients, conclure une vente etc. Ce sont donc des actions pour lesquelles vous pouvez « échouer », car on peut vous dire non.

Devinez lequel des deux peut vous mener à la réussite ?
L'accomplissement bien entendu. Et uniquement l'accomplissement ! Vous devez savoir différencier les deux façons d'agir et être conscient de ce que vous faites à chaque instant. L'activité ne vous apporte pas systématiquement la réussite. Il faut faire les bonnes actions, celles qui peuvent potentiellement aboutir à un résultat concret.

J'ai créé deux vidéos à ce sujet sur ma chaîne YouTube ; je vous invite à les regarder maintenant, tout de suite, afin de mieux saisir ce concept. Elles s'intitulent « Activité et accomplissement » et « Comment ne pas confondre activité et accomplissement ».

Vous verrez dans la deuxième vidéo qu'il suffit de vous poser une seule question pour savoir si ce que vous faites est de la simple activité ou de l'accomplissement.

85. Les quatre étapes avant de faire savoir qui vous êtes

Très jeune, j'ai fait l'erreur de vouloir mettre la charrue avant les bœufs. Je venais d'apprendre la sophrologie et je focalisais déjà sur le moyen de me faire connaître pour pouvoir exercer. Normal, me direz-vous...

Combien échouent en agissant de la sorte ? Beaucoup n'est-ce pas ? Le succès vient rarement tout de suite ; il prend du temps.

Pourquoi ?

Parce que vous devez passer par ces quatre étapes avant de faire savoir qui vous êtes :

1. Savoir

2. Faire

3. Savoir-faire

4. Faire savoir

Le savoir : c'est le stade de l'apprentissage. Dans mon cas, à l'âge de vingt ans, il s'agissait d'étudier la sophrologie pour acquérir le savoir dans ce domaine.

Le faire : c'est-à-dire l'action. C'est mettre en pratique ce que l'on a appris. Toujours dans mon cas personnel, il me fallait pratiquer la sophrologie aussi bien sur moi-même que sur les autres (famille, amis, connaissances, premiers clients).

Le savoir-faire : c'est le fait d'être à l'aise avec la pratique en question et de devenir bon dans son domaine. Cela ne m'est arrivé qu'après des années dans le « faire ». De l'apprentissage à la mise en pratique, il y a tout un monde. Le fait de savoir quelque chose n'apporte pas le savoir-faire ; c'est la pratique répétitive qui crée le savoir-faire.

Le faire savoir : à ce moment-là seulement, lorsque vous avez acquis le savoir-faire, vous pouvez le faire savoir. Les clients vont alors courir à votre porte parce que vous faites du très bon travail et que vous avez confiance en vous ; ce qui se ressentira dans votre aura. Bien sûr il faut bien démarrer quelque-part, mais ne faites pas la même erreur que moi à mes débuts. J'ai dépensé des milliers d'euros en publicité et cela ne m'a rien apporté, tout simplement parce que je n'étais pas prêt.

Faites savoir ce que vous faites lorsque vous êtes vraiment prêt, c'est-à-dire que vous avez du savoir-faire. N'attendez pas non plus d'être parfait, car la perfection n'existe pas.

86. L'argent est dans le répertoire

Encore un concept qui vient de mes expériences en marketing de réseau. Les leaders m'ont appris que l'argent est dans le répertoire.

Qu'est-ce que cela veut dire ?

Il s'agit de votre répertoire téléphonique.

Lorsque nous sommes dans un business et que nous cherchons à faire connaître notre activité et nos produits, nous avons souvent tendance à vouloir chercher de nouveaux prospects, de nouveaux clients, de nouvelles personnes à qui en parler.

Au lieu de cela, je vous propose d'abord d'« éplucher » votre répertoire téléphonique. Ce qui sous-entend d'en parler en premier aux gens qui sont proches et qui font partie de votre vie.

Pourquoi ?

D'abord parce que c'est de la publicité « gratuite ». Pas besoin d'acheter des encarts publicitaires sur internet ou des panneaux physiques, des annonces payantes ou n'importe quel autre support de communication. Vous pouvez dans la plupart des cas aller voir directement les gens chez eux pour ceux qui habitent dans votre région.

Ensuite, la chose très bénéfique avec cette méthode, c'est que les personnes que vous connaissez ont déjà confiance en vous car elles vous connaissent. Pas besoin de vous présenter et d'établir une relation de confiance sur plusieurs rendez-vous comme vous le feriez avec une personne que vous venez de rencontrer.

En outre, la relation intime que vous avez avec cette personne va faire qu'elle aura tendance à en parler autour d'elle, à son cercle proche, surtout si elle est satisfaite de votre produit/service, tout comme vous l'avez fait. Inutile de vous expliquer la puissance du bouche-à-oreille.

Donc, en premier lieu, allez voir les personnes que vous connaissez. Contactez toutes les personnes de votre répertoire téléphonique et présentez-leur ce que vous avez à présenter.

87. Tous les gens qui réussissent font partie d'un système de soutien

Les gens qui réussissent au plus haut point ne sont jamais seuls dans leur coin. Ils sont toujours très bien entourés. Ils fréquentent des personnes qui réussissent également, voire même qui réussissent mieux qu'eux.

Ces personnes se soutiennent mutuellement, s'encouragent et se donnent des conseils, les uns aux autres. Cela fait en grande partie leur force.

Vous serez d'accord avec moi qu'il est beaucoup plus facile de réussir lorsque votre ami est haut placé, un cerveau particulièrement intelligent ou un capitaine d'industrie à l'échelle internationale plutôt que votre voisin avec qui vous faites des barbecues le week-end ! Je n'ai rien contre votre voisin, c'est sûrement quelqu'un de bien (j'espère pour vous en tous cas) ; c'est juste un exemple pour dire que les personnes que vous fréquentez constituent un ingrédient important dans votre réussite.

Les gens qui ont du succès font tous partie de clubs, d'associations, de country clubs ou de sociétés secrètes dans lesquels ils peuvent échanger des connaissances et des astuces.

Vous aussi vous pouvez vous servir de cette force appelée le mastermind ou cerveau collectif. Trouvez de préférence dans votre région ou, au pire, sur internet, un groupe de personnes qui pensent comme vous et qui réussissent déjà. Ils pourront vous aider à gravir les échelons du succès.

Moi-même, je fais partie d'un club international tourné vers le succès de ses adhérents. L'enseignement ainsi que les relations que je tisse au sein de ce groupe sont une aide précieuse pour tenir le cap dans les moments où ma vie peut vaciller. J'en suis très reconnaissant car je ne serais pas où j'en suis aujourd'hui sans ce système de soutien.

88. Ce que vous dites est ce que vous obtenez

Best-seller écrit par Don Gossett, *Ce que vous dites est ce que vous obtenez* révèle la puissance des mots que vous prononcez. Tout ce que vous dites, c'est-à-dire les mots que vous prononcez à voix haute, a une influence considérable dans votre vie.

En fait, vous créez votre propre réalité selon ce que vous dites. Vous pensez que j'exagère ? Alors, pourquoi en est-il également question dans les écrits religieux ? Dans le prologue de l'évangile selon saint Jean, on peut lire : « Au commencement était le Verbe, et le Verbe était auprès de Dieu, et le Verbe était Dieu. Il était au commencement en Dieu. Tout par lui a été fait, et sans lui rien n'a été fait de ce qui existe. »

Il est vraisemblablement dit que la parole fait intégralement partie de Dieu et qu'elle est donc à la source de toute chose. Autre citation de la bible : « Que la lumière soit ! » C'est la première parole de Dieu qui démontre que Dieu lui-même doit prononcer ces mots « Que la lumière soit !» à voix haute pour que la lumière soit... Dieu, par l'affirmation à voix haute, démontre l'acte de création.

Maintenant voyons cela du côté de la science.

Qu'est-ce que la voix ? C'est le mélange du souffle (qui provient de vos poumons) et de la vibration de vos cordes vocales. Il est également dit que Dieu insuffle la vie par le fameux « souffle divin ». Les vibrations des cordes vocales seraient peut-être un rappel des vibrations émises par le premier big bang qui créa notre univers. Et je ne vous parle même pas de la théorie scientifique de multi univers nommée, comme par hasard, la théorie des cordes. Partout où il y a un concept de création, il y a du souffle et/ou de la vibration.

Nous avons démontré dans plusieurs concepts de ce livre que la pensée émettait une vibration, une fréquence, une onde cérébrale mesurable scientifiquement. Mais nous savons également que, lorsque nous parlons à voix haute, le crâne vibre. Les pensées que vous exprimez à voix haute vibrent donc d'une façon encore plus forte et peuvent être émises avec plus d'intensité. Les pensées associées aux mots à voix haute ont un effet sur votre corps physique et peuvent affecter la structure de votre ADN.

C'est pour cela que les prières, les incantations, les mantras etc. doivent être dits à haute voix. Vous avez donc tout intérêt à prononcer votre objectif haut et fort. Et si je peux vous donner un conseil pour mieux incorporer tous ces enseignements, relisez ce livre à voix haute...

Ce que vous dites est ce que vous obtenez.

89. Être, faire et avoir oui, mais dans quel ordre

Vous désirez être quelqu'un, faire un certain nombre de choses et en avoir d'autres. Cependant, il existe un ordre idéal dans lequel créer votre propre réalité.

En premier lieu, vous devriez **être**. Cela veut dire travailler sur votre **être intérieur**. Vous sentir bien, être connecté à vos désirs les plus profonds, écouter ce que veut votre âme.

Lorsque vous serez bien aligné avec vous-même, vous aurez une énergie qui vous traversera et qui vous donnera envie de bouger, d'entrer en action et de **faire** des choses.

Et ensuite seulement vous allez **avoir** des choses, grâce aux choses que vous **faites**.

Pourquoi est-il préférable de procéder dans cet ordre ?
Parce que, si vous faites des actions sans avoir pris le temps de travailler l'être, cela risque de ne pas marcher et donc vous n'obtiendrez rien ou du moins pas grand-chose.
Et si vous **obtenez** tout de suite des choses sans avoir **fait** quelque chose et sans **être**, c'est très souvent le malheur qui viendra frapper à votre porte. Vous n'aurez pas fait d'actions pour avoir tout cela ; vous n'apprécierez donc pas vraiment les choses que vous obtiendrez. Et vous n'aurez pas forcément les choses que votre âme souhaite. Dans ce cas, vous pourrez avoir toutes sortes de richesses extérieures, cela ne vous satisfera pas car cela ne correspondra pas ce que vous voulez au fond de vous. Vous ressentirez donc un mal-**être**.

Soyez... vous-même et bien dans votre peau ; puis faites... les choses que vous voulez vraiment faire ; et vous aurez... précisément ce qu'il vous faut pour vous combler de joie.

90. Tout ce que le mental de l'homme peut concevoir et arriver à croire, il peut le réaliser

Encore une fois, je reprends les mots de Napoléon Hill. Sa citation la plus célèbre est « Tout ce que le mental de l'homme peut concevoir et arriver à croire, il peut le réaliser. »

Je vous rappelle qu'il a étudié les personnes les plus riches et influentes de son époque. Il a déterminé qu'absolument tout ce que le mental de l'homme pouvait concevoir et arriver à croire, il pouvait le faire. Focalisons un instant là-dessus.

Concevoir, c'est le fait d'arriver à imaginer dans votre esprit, la chose que vous désirez. Vous devez en avoir une image nette : conce**voir**.

Arriver à croire, c'est faire en sorte que cette image devienne rationnelle pour votre mental. Il faut que votre inconscient soit persuadé que vous pouvez être, faire ou avoir la chose à laquelle vous pensez.

Vous devez donc, selon Napoléon Hill et sa profonde étude du succès, voir mentalement ce que vous voulez et être persuadé que vous pouvez le faire. Ce sont deux ingrédients de base indispensables à toute réussite. Ce concept est absolument essentiel.

91. Vous devenez ou vous obtenez ce à quoi vous pensez le plus souvent

Earl Nightingale a fait partie des premiers hommes à avoir enregistré un audio de développement personnel. Aujourd'hui nous pouvons trouver des milliers d'enseignements de développement personnel sous forme audio et MP3. Mais à son époque, au début du vingtième siècle, il était un des pionniers. C'était sur disque vinyle.

L'un de ses enregistrements s'intitulait : « Le secret le plus étrange ». L'orateur y disait que, peu importe qui vous êtes, quel est votre passé et de quelle région du monde vous venez ; il y a un secret de la réussite...

Un secret qui vous permet d'avoir plus d'argent, une meilleure santé, une meilleure situation professionnelle, de meilleures relations ou quoi que ce soit d'autre. Et il a rajouté que ce secret était « le plus étrange ».

Voici « le secret le plus étrange » selon Earl Nightingale :
« Vous devenez ou vous obtenez ce à quoi vous pensez le plus souvent. »

A l'origine, la formulation était « vous devenez ce à quoi vous pensez », mais ensuite Earl Nightingale l'a modifiée. Si vous pensez à une nouvelle maison, vous n'allez pas devenir une maison, mais l'obtenir. Et il ne suffit pas d'y penser une fois de temps en temps ; il faut y penser avec régularité et même à longueur de journée. L'auteur a finalement adopté :
« Vous devenez ou vous obtenez ce à quoi vous pensez le plus souvent. »

Ce concept ne ressemble-t-il pas aux théories de la loi d'attraction ?
Si.
Beaucoup d'encre a coulé à propos de cette loi d'attraction, mais ici je ne vous parle pas de force spirituelle donnée par un gourou. Dans ce livre, j'expose des concepts qui ont été élaborés par des personnes qui ont réellement accompli de grandes choses dans leur vie.

Ce sont des concepts qui viennent de personnes influentes, richissimes ou bien qui ont atteint un niveau de bonheur incroyable. Ces concepts marchent pour un nombre vraiment significatif de personnes. Ils sont utilisés depuis très longtemps.

Certains de ces concepts sont très proches, vous l'avez peut-être remarqué. Il est souvent question de penser, de visualiser avec intensité, suffisamment longtemps et croire que vous pouvez le faire. Tout ceci ressemble à ce qui est dit sur la loi d'attraction, mais, personnellement, j'essaie de vous exposer cela sous un angle beaucoup plus scientifique et pragmatique.

Demandez-vous à quoi vous pensez le plus souvent. Est-ce cela que vous voulez voir arriver dans votre vie ?

92. À grand pas, ça ne va pas ; centimètre par centimètre, c'est la recette

Vouloir aller trop vite ne sert à rien et souvent vous dessert plus qu'autre chose. Vous connaissez sûrement le vieux dicton « ne mettez pas le charrue avant les bœufs ». Les vieux dictons sont pour la plupart bien fondés.

Parfois, si vous faites des grands pas, vous ne voyez pas où vous posez le pied. Il est donc préférable de faire de plus petits pas qui vous maintiennent dans un bon équilibre.

Avec des pas de géants (alors que vous n'êtes pas un géant), vous risquez d'être déséquilibré. La réussite est un équilibre à trouver. Cherchez votre vitesse de croisière et avancez tranquillement mais avec constance. Régulièrement, pas après pas.

Vous devez avoir votre grand objectif bien en tête et votre destination finale clairement définie. Cependant, regardez constamment juste devant vous, là où se trouvent le premier pas, les premiers centimètres.

À grand pas, ça ne va pas, centimètre par centimètre c'est la recette !

93. Que vous pensiez que vous pouvez le faire, ou que vous pensiez que vous ne pouvez pas le faire, dans les deux cas vous avez raison

Ce concept a été énoncé par Henry Ford. C'est ce qu'il disait à ses ingénieurs lorsque ceux-ci devaient résoudre un problème.

Si vous pensez que vous pouvez y arriver, vous avez raison. Oui, car vous pouvez le faire ! Surtout si vous y croyez. Donc vous avez raison de penser cela.

Si vous pensez que vous ne pouvez pas y arriver, vous avez également raison. Bien sûr, car si vous ne croyez pas pouvoir le faire, vous n'aurez aucune force, aucune volonté de réussir ; c'est comme perdu d'avance dans votre esprit. Donc vous aurez également raison.

En fait, ce que cela veut dire, c'est que vous créez votre propre réalité selon ce que vous croyez.

Vous avez raison dans les deux cas parce que c'est le fait de le penser qui fait que c'est ainsi. Encore un grand homme qui parle du pouvoir de la pensée.

Les pensées, les croyances sont à la base de tout échec et de toute réussite également.

94. La focalisation crée le succès

Vous avez plusieurs idées ?
Vous avez plusieurs projets ?

Laissez tomber. Du moins, laissez tomber la plupart d'entre eux. Vous pourrez les reprendre plus tard. Il vaut mieux focaliser sur une seule chose à la fois. Vous aurez beaucoup plus de chance de réussir en éliminant les choses qui peuvent vous distraire. Et les choses qui peuvent vous distraire sont : **toutes les choses autres que votre objectif principal !**

Je n'ai pas dit d'éliminer toutes les petites choses ou les choses superflues, j'ai dit **toutes les choses**. Ce qui veut dire que vous devez avoir un seul but, un seul objectif en tête.

Souvent les gens, et moi le premier à mes débuts, sautent d'une opportunité à une autre. Ce mois-ci, ils se lancent dans un business et le mois d'après dans un nouveau, puis un troisième. Le mois suivant, ils abandonnent le premier parce qu'ils voient que cela ne marche pas. Et ainsi de suite. En fait, ils se disent « j'en étale partout et je verrai bien si quelque chose va tenir », « je ne mets pas tous mes œufs dans le même panier », « je me diversifie ».

J'ai fait la même erreur dans le passé : « j'essayais » pour voir si ça marchait. Il m'est arrivé d'avoir six à dix business simultanément et aucun d'eux ne prenait. Les choses marchent si vous les faites marcher. Et pour les faire marcher, vous devez leur accorder toute votre attention car, comme nous l'avons déjà évoqué, les choses, surtout dans les affaires, ont tendance à ne pas marcher toute seules. Vous ne pouvez pas courir après deux lapins en même temps.

Alors vous allez me dire que les gens qui ont du succès, comme Donald Trump, Warren Buffet et Robert Kiyosaki se diversifient et possèdent de nombreuses affaires. Tout d'abord, ils ne se diversifient pas tous. Beaucoup ne sont engagés que dans une seule entreprise. Ensuite, sachez que vous n'êtes pas à leur niveau. Ils peuvent se permettre de se diversifier car leurs précédentes affaires tournent sans eux ! Mais pour qu'elles puissent tourner toute seules, il a fallu tout d'abord qu'ils focalisent dessus durant des années ! Pas pendant un mois, mais en général entre cinq et dix ans.

Pour les imiter, vous devez donc imiter ce qu'ils faisaient lorsqu'ils étaient à votre niveau actuel. Choisissez une seule affaire, un seul projet professionnel et focalisez dessus jusqu'à devenir un spécialiste ; jusqu'à ce que votre projet arrive à terme et qu'il puisse éventuellement fonctionner sans vous. Cinq ans est un minimum.

La focalisation crée le succès.

95. Votre désir est votre ordre

Vous avez entendu la célèbre phrase du génie dans Aladin « Vos désirs sont mes ordres. » Et le génie de la lampe est censé vous accorder trois vœux. La vérité, c'est que le génie, Dieu, la vie ou, comme j'aime personnellement l'appeler, l'univers, peuvent vous accorder bien plus de trois vœux. C'est en fait illimité : vous pouvez être, faire et avoir tout ce que vous voulez.

Et maintenant voici la bonne nouvelle...
Qui est le génie qui peut vous accorder tous ce que vous voulez ?
Où est la lampe d'Aladin ?

Eh bien c'est vous-même. L'être qui peut manifester la vie que vous voulez, c'est vous-même ! Votre désir est en fait **votre** ordre.

Alors vous pouvez penser qu'on se prend un peu pour Dieu en pensant de la sorte. Nous pouvons en débattre durant des heures et je suis conscient que les avis peuvent diverger. Mais dans ce livre, nous ne parlons pas de spiritualité. Vous pouvez lire mon livre *12 concepts pour mieux vivre votre spiritualité* si ce sujet vous inspire. Ici, je m'efforce de rassembler les méthodes des personnes qui ont réussi au plus haut point sur cette planète. Dans le présent ouvrage, leur processus de pensée et leurs façons d'agir sont décrits noir sur blanc.

Si vous demandez aux personnes riches, célèbres et influentes si tous leurs succès proviennent d'un génie invisible, d'une divinité ou de l'univers, certaines vous répondront probablement que oui. Mais la plupart diront qu'elles ne doivent leur réussite qu'à elles-mêmes, par la sueur qu'elles ont versée et les nombreuses batailles qu'elles ont livrées.

Lorsque vous prenez une décision, vous focalisez sur celle-ci et vous faites tout pour atteindre l'objectif. Il s'agit d'un processus de création pure. Alors, cela ressemble-t-il au pouvoir de création qu'aurait un être supérieur ? Je ne sais pas, peut-être. Est-ce égotique de croire que c'est entièrement votre œuvre ? Peut-être, je n'ai pas toutes les réponses. Mais ce qui est sûr, c'est que cela marche. Quand vous dites que votre désir est votre ordre, que vous prenez la responsabilité de toute votre vie en main, que vous êtes une cause sur votre environnement et non un effet, des miracles arrivent.

96. Qui écoutez-vous en dernier ressort ?

Ce concept va de pair avec le concept numéro un « Qui est-ce que vous écoutez ». Nous avons vu dans ce concept qu'il était important d'écouter les personnes qui ont ce que vous voulez et qui sont passées par là où vous êtes actuellement. Il est vraiment primordial d'écouter les bonnes personnes et de prendre sérieusement leurs conseils en considération.

Cependant, il y a une personne que vous devez écouter en dernier ressort. Il s'agit de vous-même. Je m'explique...

Vous ne devez pas prendre de conseils de n'importe qui. Il faut que ce soit des gens qui ont la ou les choses que vous voulez. Mais, une fois les conseils obtenus, c'est vous qui prenez la décision finale. Vous devrez trancher sur le fait d'écouter ou non ce qu'ils vous ont dit.

Il est important de prendre sérieusement en compte leur avis, mais vous devez, au bout du compte, vous écouter, écouter surtout votre propre ressenti. Votre ressenti ne vous trompe pas ; il vous guidera vers la meilleure option pour vous.

Alors, les personnes qui ont ce que vous voulez vous recommandent d'aller à droite. Si votre tête vous dit d'aller à gauche, allez tout de même à droite parce qu'il ne faut pas en faire qu'à votre tête. En revanche, si c'est votre ventre ou votre cœur qui vous dit d'aller à gauche (en gros, votre ressenti), allez à gauche. Votre ressenti interne aura toujours une longueur d'avance sur le reste. C'est votre intuition. Au début, cela sera difficile d'arriver à faire la différence entre la voix de votre mental et votre ressenti interne, mais à force d'essais et d'erreurs, vous y arriverez.

Si vous avez analysé ce qui ressort de ce concept ainsi que du tout premier, « écouter les bonnes personnes » revient à dire « prendre conseil des bonnes personnes » et non pas leur obéir bêtement.

Ensuite, écoutez si votre for intérieur est en accord avec ce que ces personnes disent. Si oui, foncez. Si non, assurez-vous que c'est bien votre ressenti qui parle et non votre tête et écoutez-vous en dernier ressort.

Vous savez mieux que quiconque ce qui est bon pour vous.

97. Les leaders sont toujours des lecteurs

Un concept facile à retenir grâce à la rime. Les leaders sont toujours des lecteurs. Et c'est vrai ! Les grands chefs d'entreprise sont en permanence en train de glaner de l'information et d'apprendre de nouvelles choses à travers les livres.

J'admets, Henry Ford ne lisait pas beaucoup ; parce qu'il ne savait pas bien lire. D'ailleurs, il comparut un jour devant le tribunal où l'on essaya de le rabaisser au sujet de son manque d'éducation. On lui posa de nombreuses questions de culture générale auxquelles il ne put répondre, démontrant ainsi son manque d'éducation.

Monsieur Ford comprit l'attaque qu'il subissait. Il ne se laissa pas faire. Il répondit honnêtement en disant qu'il ne connaissait effectivement pas les réponses à ces questions mais qu'il avait dans son bureau un grand nombre de boutons pour appeler différentes personnes. Toutes ces personnes pouvaient répondre à n'importe quelle question et cela suffisait pour mener à bien l'empire Ford.

Alors, à moins que vous ayez une armée de spécialistes prêts à vous donner toutes les informations que vous voulez en un claquement de doigts, vous devez lire.

Lisez, lisez, lisez, lisez...

... des livres comme celui-ci, qui vous donne des enseignements sur comment réussir, des livres qui vous motivent pour avancer vers vos objectifs ainsi que d'autres livres que je vous recommande.

Les leaders sont toujours des lecteurs et les lecteurs deviennent toujours des leaders.

Lorsque vous lisez un livre, des circuits neuronaux sont créés dans votre cerveau. Vous effectuez donc un véritable changement de la structure même de votre corps physique. Et vous faites cela parce que vous entrez dans la tête de l'auteur. En fait vous vous syntonisez à l'esprit de l'auteur. C'est une des raisons pour lesquelles les autobiographies de personnes qui ont réussi ou qui ont ce que vous voulez représentent un grand intérêt.

Lisez, ne serait-ce que dix minutes par jour. Vingt est l'idéal ; plus, c'est parfait bien évidemment, mais dix minutes est un minimum si vous voulez avoir du succès dans votre vie. Nourrissez votre mental de choses positives qui vous font grandir **chaque jour** en lisant.

98. Vous ne savez pas ce que vous ne savez pas

Soyez conscient qu'il y a des choses en-dehors de votre champ de conscience. C'est-à-dire qu'il y a des informations que vous ne connaissez pas. Et soyez conscient qu'il y a toujours des choses que vous ne savez pas et que ce sera toujours le cas.

Pourquoi est-il nécessaire de savoir cela ?
Pour différentes raisons.

Cela vous rend enseignable. Si vous savez que vous ne savez pas tout, alors vous aurez envie d'apprendre et vous allez progresser. Si au contraire vous croyez que vous savez tout, vous allez vous endormir sur vos lauriers.

Cela vous rend humble. En sachant que vous ne saurez jamais tout sur tout, votre égo descend d'un étage. Vous prenez conscience que quelqu'un sait plus que vous et que cela sera toujours le cas.

Cela vous permet de toujours remettre les choses en question. Comme vous savez que vous ne savez pas tout, vous allez régulièrement vous poser les questions « pourquoi ? » et « comment ? ». En cherchant ainsi plus d'informations, vous aurez plus de connaissances que d'autres personnes qui ne se questionnent jamais. Car, comme me l'a appris mon enseignante en sophrologie, lorsque j'avais dix-huit ans : « La curiosité mène à la connaissance. » Ce n'est donc pas un vilain défaut !

99. Vous avez deux oreilles,
mais seulement une bouche

Vous êtes-vous déjà demandé pourquoi vous avez été conçu avec deux oreilles, mais seulement une seule bouche ? Ne pourrions-nous pas avoir une deuxième bouche pour tenir deux conversations différentes avec une personne placée devant chacune de nos oreilles ?

La réponse est non car nous devons écouter deux fois plus que nous ne parlons.

Dans une conversation, vous devriez écouter beaucoup et parler peu et lorsque vous parlez, vous devriez poser des questions et écouter, écouter, écouter.

La plupart des gens parlent, parlent, parlent et se croient intéressants. Mais rappelez-vous que peu importe l'histoire que vous êtes en train de raconter ; ce n'est pas parce qu'elle vous est arrivée, à vous, qu'elle est forcément intéressante...

Celui qui parle le moins, c'est celui qui écoute le plus et celui qui écoute le plus, c'est toujours celui qui a le plus d'information. Comme nous l'avons vu au concept n°73, la connaissance c'est le pouvoir.

Ceci est particulièrement vrai dans le monde des affaires et dans les différents processus de vente. Les bons vendeurs argumentent en parlant tout le temps de ce qu'ils ont à vendre. Tandis que les excellents vendeurs, les têtes de ligne, ceux qui ont fait une différence remarquable et qui se sont hissé au sommet, s'intéressent aux clients. Ils cherchent à mieux comprendre le client en posant un maximum de questions. Pas étonnant que nous soyons sans cesse sollicités par des sondages.

Cela a non seulement l'avantage de nous en apprendre plus sur le prospect afin de pouvoir lui vendre plus facilement ce que nous avons à proposer, selon ses besoins à lui et non les nôtres, mais par ailleurs, cela le met à l'aise car le sujet de conversation favori des gens, c'est eux-mêmes.

Il arrive souvent que je rentre d'un premier rendez-vous et que la personne me contacte pour me dire qu'elle a vraiment apprécié ce moment. En fait, ces personnes m'apprécient alors qu'elles ne savent quasiment rien de moi ! Je les ai simplement laissées parler la plupart du temps et je leur ai posé des questions. Les gens se sentent bien lorsqu'ils parlent d'eux-mêmes. Il faut dire qu'aujourd'hui nous sommes tellement peu écoutés que cela fait vraiment du bien lorsque vous rencontrez une personne qui utilise ses deux oreilles.

Vous avez deux oreilles et seulement une seule bouche, servez-vous-en proportionnellement.

Félicitations !

Vous êtes presque arrivé au centième concept de réussite et donc à la moitié du présent livre.

Bravo pour cela !

Vous avez certainement une haute volonté d'apprendre.

Je suis certains que vous allez finir le livre.

Pour vous féliciter et afin de mieux intégrer tous ces enseignements dans votre vie de tous les jours, je vous propose, si ce n'est pas encore fait, de télécharger la checklist de ces 200 concepts.

Elle vous est offerte sur le site www.mieux-reussir.fr !

Vous aurez une liste d'actions concrètes pour atteindre tous vos objectifs. Ce sont en quelques sortes les 200 concepts que vous découvrez dans ce livre, transformés en actions à faire pour avancer.

Concrétisez votre succès en téléchargeant cette liste et en pratiquant immédiatement les meilleures façons de penser et d'agir des plus grands leaders de la planète.

À tout de suite sur www.mieux-reussir.fr .

100. L'analyse paralyse

A quoi sert l'analyse d'un plan d'actions, d'une stratégie ou d'une prise de décision ?

A faire le bon choix d'actions concrètes. Ce qui veut donc dire que c'est une étape avant **l'action**.

Malheureusement, j'ai vu dans différentes entreprises que de nombreuses personnes analysent trop. Elles analysent, analysent, analysent ; regardent chaque détail et, au bout de six mois, elles se rendent comptent qu'elles sont encore en train d'analyser et ne sont toujours pas passées à l'action. J'exagère peut-être avec les six mois (quoique), mais vous avez compris l'idée.

Vous pouvez passer à l'action sans savoir tout dans le moindre détail. À un moment donné il faut vous dire : « Bon, je n'ai peut-être pas toutes les informations qu'il me faut, mais il faut que je pose des actes tout de suite sinon je n'atteindrai jamais mon objectif. » Rassurez-vous, les personnes qui ont réussi un grand projet ne savaient pas tout au départ.

Je ne dis pas de foncer dans le tas tête baissée, mais analysez juste ce qu'il vous faut pour faire les premiers pas et **faites les premiers pas**.

101. Le but principal

Comme le suggère Napoléon Hill, vous devez avoir un but principal. Tous les grands capitaines d'industrie qu'il a interviewés avaient un but principal.

Quel est selon vous, le mot le plus important dans « un but principal » ?

C'est le mot **un**.
Il nous recommande d'avoir **un seul but** et pas quinze, trois ou même deux. Un unique objectif !

Le but principal est une étape à long terme. Par long terme j'entends au minimum deux ans et, il n'y a pas de maximum, mais dix ans est une bonne moyenne. Oui je sais, pour certains d'entre vous, il est difficile de se projeter sur une période aussi longue mais il va falloir le faire car c'est ce qui fonctionne pour toute entreprise.

Vous avez alors la possibilité de mettre en place plusieurs sous-étapes. Mais nous verrons cela dans les deux prochains concepts.

Je vous demande maintenant, avant de lire la suite, de prendre une feuille et un stylo car nous allons définir ensemble votre but principal.

Reprenez la liste de rêves que vous avez établie au concept n°35. Si vous ne l'avez pas faite, faites-la maintenant. Si vous l'avez jetée, refaites-la maintenant. (Je vous recommande de toute façon, de la refaire régulièrement).

Maintenant choisissez, dans cette liste, le rêve qui vous tient le plus à cœur ou bien définissez un objectif qui vous permettrait d'obtenir ce rêve qui vous est cher, ou plusieurs rêves en même temps. Par exemple si vos rêves portent en priorité sur les voyages, vous pourriez établir l'objectif d'obtenir telle ou telle somme d'argent par mois. Ce qui vous permettrait de réaliser tous vos voyages.

Voici deux exemples que nous allons conserver pour les deux concepts suivants :

Exemple n°1 : « Je veux gagner 10 000 euros net par mois d'ici dix ans. »

Exemple n°2 : « Je veux écrire dix livres d'ici dix ans. »

Écrivez maintenant votre but principal. Il doit pouvoir tenir en une seule phrase **courte**, et vous devriez en avoir une image en tête.

Puis, allez au concept suivant.

102. La prochaine étape logique

Vous avez désormais votre but principal. Si vous ne l'avez pas écrit sur papier, faites-le absolument. Ne le gardez pas sur ordinateur ou pire, dans votre tête. Il doit être écrit sur une vraie feuille avec un vrai stylo pour avoir un réel impact et augmenter considérablement vos chances d'obtention.

Maintenant, vous allez définir ce que nous appelons votre prochaine étape logique. La prochaine étape logique est une sous-étape menant à votre but principal. J'ai bien dit **une seule** sous-étape. Et j'ose espérer que votre but principal est bien défini au singulier...

Cette sous-étape doit viser un objectif auquel vous pouvez croire et qui pourrait se réaliser dans les six à douze mois qui viennent. La prochaine étape logique doit être quelque chose qui vous rapproche de votre but principal en termes de réalisation. C'est-à-dire que vous devez forcément passer par là pour atteindre le grand rêve.

Définissez-la également en **une seule phrase courte**.

Voici deux exemples repris du précédent concept :

Exemple n°1 : « Je veux gagner 2000 euros net par mois dans les six à douze mois. »

Exemple n°2 : « Je veux avoir écrit un livre en entier dans les six à douze mois. »

Définissez votre prochaine étape logique maintenant, notez-la, puis lisez le prochain concept.

103. Les étapes bébés

Voici la dernière étape pour relier votre présent à vos lointains rêves qui semblent inaccessibles. Jusqu'à présent, je ne vous demandais d'écrire qu'un but principal et une seule prochaine étape logique. Mais je sais que cela vous démange d'écrire plein de choses. Et bien c'est maintenant que vous allez pouvoir vous lâcher !

Les étapes bébés sont celles que vous pouvez (et devez) faire aujourd'hui ou cette semaine. Ce sont de vraies petites actions physiques. Des choses que vous pouvez réellement faire dès que vous aurez reposé ce livre et qui vous rapprocheront encore un peu plus de la prochaine étape logique.

Cette fois, vous pouvez allonger votre liste. Si vous n'arrivez pas à tout faire cette semaine, reportez certaines actions à la semaine prochaine. Voici des exemples dans la continuité de ce que nous avons défini aux concepts précédents.

<u>Exemple n°1 :</u> regarder toutes les offres d'emplois qui rémunèrent à hauteur de deux-mille euros par mois. Refaire mon CV pour me valoriser. Calculer combien de produits je dois vendre dans ma boutique en ligne pour générer deux-mille euros et par conséquent, combien de visiteurs je dois attirer sur mon site pour obtenir ce nombre de ventes. Trouver toute autre action qui me permettrait de gagner deux-mille euros par mois dans les six à douze mois qui viennent.

<u>Exemple n°2 :</u> écrire un chapitre cette semaine. Écrire un paragraphe dans l'heure qui vient. Écrire une seule phrase dans la minute qui arrive. Fixer dans mon emploi du temps une heure par jour consacrée à l'écriture (et m'y tenir). Imaginer toute autre action qui me permettrait d'avoir fini et édité mon livre d'ici six à douze mois.

Et voilà qu'avec ce concept et les deux précédents, vous avez tracé mentalement et physiquement dans la matière, en l'écrivant noir sur blanc, le chemin qui vous mènera pas à pas vers votre but. Affichez ce chemin partout où vous pouvez le voir et y penser. Cela vous donne une vision globale de ce que vous devez faire aujourd'hui, demain, après-demain, le mois prochain, l'année prochaine pour atteindre un jour le rêve que vous convoitez tant.
La plupart des gens ne font pas cela. Ils gardent juste en tête leurs grands rêves et n'ont aucune idée de comment y arriver réellement. Cela ne reste qu'un

rêve, un espoir. Ce sont les gens qui attendent de gagner au loto pour changer leur vie.

Vous, vous n'êtes pas ainsi. Vous avez votre plan : but principal à prochaine étape logique à étapes bébés.

104. Les pensées sont des choses

Albert Einstein, déjà à son époque, disait que les pensées étaient des choses. C'est-à-dire qu'il sous-entendait que la pensée humaine était une chose physique, en somme quelque chose de matériel.
Les dernières recherches scientifiques et biologiques semblent le confirmer. L'imagerie mentale, avec observation du cerveau, nous prouve qu'une pensée fait s'activer une région spécifique de celui-ci. Et celle-ci s'active par la connexion de certains neurones.

Les neurones sont des sortes d'émetteurs-récepteurs d'électricité ou d'ondes. Une pensée forme donc un courant d'énergie dans votre cerveau. Comme l'a démontré Einstein par son fameux E=MC2, l'énergie n'est rien d'autre que de la matière en mouvement. Certes, en mouvement très rapide, ce qui la rend quasiment imperceptible, mais cela reste de la matière physique.

Qui dit matière dit poids, même si l'énergie est en mouvement. Nous pouvons donc en déduire qu'une pensée possède un certain poids. Évidemment vous ne pourrez pas la peser avec votre pèse-personne domestique, ni même avec votre balance de cuisine qui vous sert à doser vos ingrédients lorsque vous cuisinez. N'essayez pas, vous perdriez votre temps !

Si une pensée active des neurones qui envoient une activité électrique sous forme d'onde précise selon le type de pensée, et que toute énergie est de la matière en mouvement, la pensée a donc un poids ; par conséquent, elle est bien réelle. Elle est rendue physique et visible grâce à des appareils très sophistiqués.

Ceci permet de comprendre pourquoi, avec une forte pensée soutenue, une idée ou une sorte d'image mentale, nous pouvons réellement influencer les autres et affecter la matière qui nous entoure. Tout simplement parce que ce champ électrique ne reste pas uniquement dans votre tête, mais peut se propager au-delà de votre boite crânienne.

Vous allez maintenant croire davantage à la télépathie ainsi qu'à la loi d'attraction.

105. Savoir et ne pas faire, n'est pas savoir

Ce concept a été proposé par l'auteur et conférencier Léo Buscaglia.

Si vous avez une certaine connaissance dans n'importe quel domaine et que vous ne l'utilisez pas, vous ne la connaissez pas réellement. Cette affirmation est plutôt logique mais nous l'oublions fréquemment dans notre quotidien.

Pour internaliser complètement un savoir, il faut le pratiquer. Si je lis une recette de charlotte aux fraises, je ne peux pas me permettre de dire que je sais comment faire une charlotte aux fraises. Il faut que j'aille dans ma cuisine et que j'en fasse une, voire plusieurs, avant de pouvoir affirmer que, oui, je sais faire une charlotte aux fraises. Sinon, ce n'est qu'une vague idée dans mon mental.

Alors, en sachant cela, je vous propose deux choses.

Premièrement : analysez dans votre vie et surtout dans la sphère dans laquelle vous voulez réussir, tout ce que vous « savez ». Et demandez-vous si vous savez vraiment ou si ce n'est qu'une vague idée, dans votre tête, comme la recette de la charlotte aux fraises. Avez-vous fait tout ce que vous affirmez connaître ? Et encore plus difficile, pratiquez-vous régulièrement ce que vous pensez connaître ? Si non, arrêtez de dire « je sais cela », « je connais cela », jusqu'à ce que ce soit internalisé dans votre corps comme une seconde nature, **en le faisant réellement**.

Deuxièmement : pratiquez ce concept pour tout l'enseignement de ce livre. Si vous voulez réussir, il faut connaître ces informations. Mais pas juste les connaître... Vous devez vraiment **les connaître**, les savoir, les utiliser, les pratiquer, y penser tous les jours, en parler, relire, pratiquer à nouveau, appliquer vraiment les choses requises dans votre quotidien. Et c'est là où la gomme rencontrera la route. Connaître ces concepts, c'est faire tourner la roue dans le vide. Les savoir vraiment en les pratiquant, c'est faire en sorte que la gomme rencontre la route et c'est à ce moment-là seulement que vous allez avancer.

Il est très facile de dire : « Je connais toutes les informations contenues dans ce livre. » ...
Vraiment ? Vous les connaissez ? Vous les savez vraiment ?
Alors pourquoi n'avez-vous pas encore la vie que vous voulez ?

Tout simplement parce que vous n'appliquez pas. Si vous ne le faites pas, c'est que vous ne le connaissez pas vraiment...

Vous ne pouvez pas lire une méthode d'apprentissage du piano et dire que vous savez jouer, n'est-ce pas ? Et bien c'est pareil pour ce livre. Vous ne pouvez pas dire qu'ayant lu ce livre vous savez comment réussir, si vous n'en appliquez pas réellement les concepts, à répétition.

106. Enseignez ces informations

L'une des meilleures façons de bien apprendre les informations contenues dans ce livre est de les enseigner, car le processus d'enseignement vous fait reformuler le contenu dans votre propre langage.

Votre voix, comme nous l'avons déjà vu au concept n°88, fait vibrer votre crâne et ce que vous dites se retrouve alors gravé dans votre cerveau. Vous le mémorisez mieux.

De plus, les personnes à qui vous enseignez vous questionnent et sollicitent ainsi votre mental, en recherche de réponses. Ceci crée des circuits neuronaux correspondant à ces informations, encore plus gros et plus puissants.

Cependant, n'enseignez pas à autrui des choses que vous ne connaissez pas du tout. Utilisez cette technique pour affûter vos connaissances, une fois que vous les aurez déjà un minimum acquises.

La première personne à qui vous devez les enseigner, c'est vous-même.

Pour cela, parlez-vous à vous-même, enseignez-vous à voix haute, ces différents concepts.

Mettez-vous debout dans une pièce, imaginez-vous dans une salle de classe, devant un public à qui vous enseignez toutes ces choses. C'est ce que j'ai fait, avec ces mêmes concepts, et je le fais encore régulièrement, seul dans mon bureau. C'est ce qui fait qu'aujourd'hui je suis en capacité d'écrire ce livre de tête car tous ces concepts sont ancrés dans ma mémoire. Je n'ai pas eu besoin de relire un texte ou de faire des recherches sur internet pour noircir les pages blanches du livre que vous tenez entre vos mains. Et pour être tout-à-fait franc avec vous, je pourrais écrire bien plus d'une page par concept mais j'enseigne en parallèle les choses plus avancées dans un cours en ligne de *Lumière D'Avenir*.

Pour résumer, enseignez-vous ces concepts d'abord puis à vos amis imaginaires. Vous constaterez que vous aurez beaucoup plus de prises de conscience qu'en lisant simplement. Essayez maintenant juste avec un concept au hasard. Lisez-le, puis reposez le livre et levez-vous pour utiliser cette technique. Allez-y maintenant. Vous m'en direz des nouvelles...

Ensuite seulement, envisagez de l'enseigner à d'autres : la famille, les amis, les collègues, etc. Allez-y doucement avec votre conjoint ; s'il n'est pas enseignable, laissez tomber, cela évitera des désaccords, croyez-moi !

Rien ne vous empêche, en revanche, d'en discuter avec des gens qui ont également envie d'apprendre ces enseignements. Vous pouvez, par exemple, vous rassembler une fois par semaine avec un groupe de personnes qui lisent également ce livre et avec qui vous pouvez échanger sur un concept différent à chaque rencontre. Je l'ai fait également ; faire fonctionner plusieurs cerveaux simultanément autour de ces concepts afin de les internaliser s'avère très puissant.

Vous et toutes les personnes du groupe créez ainsi la réussite.

107. L'alimentation

Nous pourrions débattre durant des heures de l'alimentation. C'est un sujet tellement vaste qu'une page ne suffit pas ; il faudrait un livre tout entier. Et ces livres existent déjà ; vous y trouvez tout ce qu'il faut pour apprendre ce qu'est une alimentation saine et équilibrée. Discutons donc ici juste des grandes lignes.

Il est rare d'associer le sujet de l'alimentation au succès. Et pourtant, ce que nous ingérons a bel et bien un impact sur notre réussite ou notre échec.

Encore une fois, nous revenons aux études de notre cher Napoléon Hill, (eh oui, encore lui) ! Dans son livre, ou plutôt devrais-je dire dans sa bible, de la réussite *La loi du succès en seize leçons*, il consacre un chapitre entier à l'alimentation. Il nous explique qu'un aliment (liquide ou solide), lorsqu'il est digéré, dégage une certaine énergie. Et que cette énergie se mélange à l'énergie de notre propre corps. Pour être plus précis, elle se mêle à notre énergie vitale (celle qui nous permet de vivre, ce qui nous anime), ainsi qu'à notre énergie mentale (celle créée par nos pensées).

Êtes-vous conscient de ce que cela veut dire ?

Cela veut dire qu'en fait, ce que vous mangez ou buvez influence directement votre façon de penser ! N'est-ce pas incroyable ? Avez-vous déjà tenté de résoudre des problèmes mathématiques complexes après avoir mangé un gros repas lourd et gras ? Ou bien après un gros dessert rempli de sucre artificiel ? C'est très difficile. Sans même parler d'énergie, le sucre raffiné bouche tout simplement des circuits neuronaux.

Prêtez attention, dans les heures qui suivent la lecture de ce concept, à la façon dont vous vous sentez et surtout au fonctionnement de votre pensée après manger. Vous pourriez vous sentir déprimé, triste ou même nerveux et en colère dans les trois heures qui suivent votre repas. Et tout cela sans raison valable.

Je ne vais pas vous dire ce que vous devez manger ou ne pas manger ; je ne suis pas un spécialiste. Les avis diffèrent tellement. L'alimentation devrait être adaptée à chaque individu en particulier. Mais ce que je vous demande, c'est d'être plus conscient de tout ce que vous ingérez.

Vous devez être maître de trois choses dans votre alimentation :

- Ce que vous ingérez

- La quantité que vous ingérez

- Le moment où vous l'ingérez

Décidez en votre âme et conscience de ce qui rentre dans votre corps, en quelle quantité et à quel moment. Soyez conscient de l'énergie que cela dégage.

108. Allez à des évènements

Ingrédient très important de toute réussite, les événements. Toutes les personnes qui réussissent se rendent régulièrement à des événements.
A quels événements devez-vous vous rendre ?
Je ne parle pas de concerts ou de manifestations. Vous pouvez y aller bien sûr, mais pour réussir, il est essentiel de participer à des événements liés à votre succès.

Il s'agit de conférences, séminaires, stages et conventions sur le thème du développement personnel, du succès et de la réussite ainsi que sur ce qui tourne autour de votre business personnel.
Il est important de ne pas rester seul sur la route du succès et de vous entourer de personnes qui partagent la même vision de l'avenir que vous.

Les événements en ligne, c'est bien ; les web conférences, formations en ligne etc. J'en suis également et j'en anime aussi.
Mais les événements réels, dans une vraie salle, avec plusieurs personnes présentes ont un énorme impact sur vous ; un impact hautement positif (dans la plupart des cas).

Premièrement : vous vous déplacez. Vous sortez de chez vous et voyagez pour quelques minutes, quelques heures voire quelques jours pour les conventions à l'international. Cela vous sort de votre zone de confort et présente un grand intérêt pour enrichir votre façon de penser. Vous n'êtes pas encore arrivé à l'événement que, déjà, vous ressentez un changement positif.

Deuxièmement : vous apprenez une information par vos 5 sens. Ce qui n'est pas le cas si vous apprenez la même information en lisant un livre par exemple.

Troisièmement : vous rencontrez de nouvelles personnes. Les rencontres et échanges verbaux avec d'autres gens sont bien souvent extraordinaires. Des nouvelles relations peuvent se créer et changer le cours de votre vie.

Quatrièmement : vous êtes impacté d'une manière énergétique par l'énergie du speaker, par celle des autres participants et encore par celle du lieu. Ceci est invisible à l'œil nu, mais c'est ce que nous appelons le cerveau collectif ou « mastermind » pour citer une énième fois monsieur Hill. De nouvelles idées peuvent surgir dans votre cerveau grâce à cette énergie.

Si vous n'avez pas participé à l'une de ses réunions physiques au cours des six derniers mois, il est temps de réserver une place ! Faites-le maintenant. Allez sur internet et réservez une place pour ce genre d'événement, puis continuez à lire ce livre.

109. Si vous continuez à penser comme vous avez toujours pensé, vous allez obtenir ce que vous avez toujours obtenu

L'insanité d'esprit est décrite selon un proverbe chinois de cette façon : « Continuer de faire toujours la même chose et s'attendre à un résultat différent. »

Voyez la réussite de votre entreprise comme une recette de cuisine. Si vous faites toujours vos lasagnes de la même manière, avec les mêmes ingrédients, dans la même proportion et cuits de la même façon, pensez-vous qu'un jour, vos lasagnes auront un goût différent ?

Elles auront toujours le même goût et auront toujours le même aspect. Si elles vous plaisent, continuez ainsi ; sinon, changez la recette.

C'est le même principe pour votre vie personnelle. Si elle vous plait, ne changez rien ; sinon, il va falloir changer un ou deux ingrédients (ou carrément toute la recette pour certaines personnes...).

Alors, que faut-il changer pour mieux réussir votre vie ?

Je ne peux pas vous le dire personnellement, car je ne vous ai pas face à moi. Pour chacun d'entre vous cela va être différent.

Mais la première chose que vous devez changer, si vous voulez une recette différente, un résultat différent, une vie différente, c'est votre façon de penser.

Votre façon de penser régit vos actions, vos relations, etc. Elle régit donc toute votre vie. Alors, si vos conditions de vie ne vous satisfont pas, c'est votre façon de penser qu'il faut modifier en priorité car tout va découler de cette première initiative.

Pour cela, il va falloir faire du changement. En fait si vous voulez du changement dans votre vie, il va falloir faire du changement dans votre vie...

Si vous continuez de penser de la même manière, ne vous attendez pas à avoir de grands changements. Faites toutes sortes de changements ; rencontrez de nouvelles personnes, rendez-vous dans des lieux ou vous n'êtes jamais allés, apprenez de nouvelles choses et faites tout ce qui est conseillé dans le présent livre.

Si vous n'obtenez pas de changement dans les six à douze mois qui viennent, contactez-moi, car cela voudra dire que votre exemplaire ne s'est pas correctement imprimé.

Si vous changez votre façon de penser, vous obtiendrez des résultats différents.

110. Le succès est un voyage, pas une destination

Vous serez heureux lorsque vous aurez atteint votre objectif.

Vous serez heureux quand vous aurez ce montant d'argent que vous désirez.

Vous serez totalement épanoui au moment où vous obtiendrez ce travail.

Vous serez entièrement comblé quand votre relation intime aura atteint le niveau d'amour que vous espérez.

Si vous croyez aux affirmations ci-dessus, oubliez-les...

Franchement, ne vous attardez pas sur ce genre de croyances, car vous risquerez d'être déçu et de manquer votre vie tout entière. Vous ne devez pas attendre quoi que ce soit pour être heureux. Vous devez être heureux maintenant, tout de suite ; même si vous n'avez pas encore ce que vous désirez.

Peu importe la situation dans laquelle vous êtes actuellement. Vous pouvez bien sûr vouloir mieux, pour vous sentir encore plus épanoui, mais vous avez déjà tout en vous pour être heureux maintenant. Et vous savez pourquoi ? Tout simplement parce que le bonheur est un état intérieur. Vous pouvez donc décider de le ressentir quoi qu'il se passe à l'extérieur...

Je suis conscient qu'il puisse vous être difficile de vous sentir heureux si vous avez l'impression que tout va mal dans votre vie, (bien que ce ne soit pas impossible en effectuant un travail sur soi). Mais vous devez au moins essayer de vous sentir bien, le mieux possible, en attendant d'obtenir toutes les choses que vous voulez.

Parce que vous attirez les meilleures choses en vous sentant bien.

De plus, si vous n'avez pas obtenu ce que vous désiriez alors que vous arrivez à la fin de votre vie, vous aurez au moins vécu en vous sentant bien, plutôt que malheureux dans l'attente d'un rêve jamais réalisé. Je ne suis pas pessimiste et je vous souhaite de réaliser tous vos rêves, mais n'est-il pas mieux d'envisager la vie comme un voyage heureux plutôt qu'un voyage vers le bonheur ?

En réalité, le succès n'est pas une destination car, une fois qu'il est atteint, l'enthousiasme redescend et il faut alors une nouvelle destination pour retrouver l'excitation initiale. Le succès est un voyage. Prenez plaisir à suivre tout le processus. Souriez lorsque vous êtes en train d'avancer vers un rêve, même si vous êtes en pleine bataille. Ne voyez vraiment pas votre succès comme une destination à atteindre sinon vous courrez indéfiniment après le bonheur. Soyez heureux maintenant et cherchez à vous sentir un tout petit peu mieux. Le succès est un voyage et pas une destination.

111. Respectez vos engagements

Admettons que vous preniez un engagement avec une personne importante, le président de la République par exemple, ou quelqu'un qui a vraiment du poids dans votre avenir, et que cet engagement soit vraiment décisif pour votre succès et votre bonheur. Est-ce que vous seriez à l'heure au rendez-vous et respecteriez l'engagement ?

Il y a de fortes chances que oui.

Alors laissez-moi vous présenter une personne très importante. Elle est plus importante que le président et c'est la personne qui a le plus de pouvoir sur votre vie...

C'est vous !

Évidemment.

Vous êtes le commandant de votre vie. C'est vous et vous seul qui décidez tout dans votre vie. Alors il est important de prendre des engagements envers vous-même afin que vous vous respectiez et que vous fassiez tout pour vous rendre la vie la meilleure possible. Dites-vous des choses à vous-même comme : « Je vais tout faire pour me rendre la vie meilleure ; je vais faire en sorte d'être bien, moi et ma famille, je vais m'offrir le meilleur de la vie. »

Et faites-le ! Une fois que vous avez pris des engagements avec vous-même, respectez-les comme si vous étiez une personne importante car vous êtes la personne la plus importante dans votre vie. Vous devez respecter vos engagements pour différentes raisons que je ne peux pas exposer dans ce livre ; cela prendrait trop de temps. Allez dans *Lumière D'Avenir La voie de La Réussite* pour en savoir plus. Mais sachez que respecter un engagement vous apporte plus de réussite.

Si vous dites «je vais arrêter les desserts pour perdre un peu de poids », c'est un engagement envers vous-même. Et si le lendemain vous êtes invité chez vos beaux-parents et que vous cédez à la tentation en prenant un dessert, vous n'avez pas respecté votre engagement envers la personne la plus importante pour vous. Cela détériore votre relation avec elle...

Par conséquent, pour ce qui est de votre réussite, prenez quelques engagements comme réduire le temps passé devant la télé pour avancer sur votre projet et **faites-le** !

112. La persévérance bat l'intelligence

Si vous croyez qu'il faut être intelligent pour réussir, vous vous trompez. En revanche, soyez sûr que vous aurez besoin de persévérance pour grimper au sommet de la montagne qui mène au succès.

Une personne qu'on pourrait qualifier de bête, quelqu'un qui a, disons, quelques difficultés à utiliser son cerveau, peut réussir si elle persévère.

À l'inverse, un homme intelligent pourrait rater toute sa vie s'il ne se montre pas persévérant et s'il abandonne à cause d'un obstacle sur son parcours.

Retenez bien que la persévérance vous permettra de traverser des murs, de surmonter tous les obstacles, de décrocher la lune ; peu importe qui vous êtes.

Retenez également cette phrase : « Un lâcheur ne gagne jamais, un gagnant ne lâche jamais. »

A chaque fois que vous aurez envie d'abandonner, dites-vous que la réussite se cache peut-être derrière le prochain virage... Alors faites le kilomètre supplémentaire.

113. La loi d'attraction est une loi physique

Pour beaucoup, la loi d'attraction est une loi spirituelle.

Cependant, certains concepts présentés ici nous permettent quasiment d'affirmer qu'en fait c'est une loi physique, un mécanisme de votre corps. Même si certains points restent inexpliqués pour le moment.

En effet, nous avons vu que le cerveau est un émetteur-récepteur de fréquences et d'ondes. Et nous savons que chaque pensée dégage une forme d'énergie différente des autres. Des preuves scientifiques d'une forme de télépathie existent.

Emoto a prouvé que les pensées pouvaient affecter la matière physique. Nous savons donc, que nos pensées sortent de la boite crânienne et, en quelque sorte, touchent les choses autour de nous. Vous vous posez peut-être la question : jusqu'à combien de mètres autour de nous nos pensées peuvent-elles affecter la matière et les autres cerveaux ?

La réponse ne se compte pas en mètres mais en kilomètres. Et pour le moment, les expériences les plus concluantes nous donnent une distance télépathique de 384 400 kilomètres. C'est-à-dire la distance entre la terre et la lune.

Ces données sont le fruit des expériences télépathiques que l'astronaute Edgar Mitchell a tenté avec ses collègues restés sur terre, alors que lui-même était en orbite autour de la lune.

Nous savons donc que notre cerveau possède un grand champ d'émission de pensée.

Les neurologues nous disent qu'une pensée est un chemin électrique qui va « réveiller » des neurones qui contiennent la même fréquence. Ce champ d'énergie « attire » le même type d'énergie. Une pensée attire une pensée similaire.

Par exemple, si je vous dis de penser à un arbre durant un instant...

Allez-y, pensez à un arbre maintenant...

Que se passe-t-il donc dans votre tête ? Vous activez le champ d'énergie « arbre », et d'autres champs similaires s'activent ensuite naturellement : écorce, branches, racines, bois, bûcheron, hache, scie, écharde, forêt, écureuils... Tous ces autres mots peuvent surgir dans votre mental, car ils ont été atirés par la première pensée « arbre ».

Nous savons maintenant qu'une pensée peut attirer des pensées similaires. Mais c'est encore acceptable car cela se passe au niveau local. Maintenant comment se fait-il que si vous pensez à un modèle de voiture précis, tout d'un coup, vous ne voyiez plus que celui-ci sur les routes ? Comment le cerveau peut-il attirer de plus grandes choses de l'extérieur ?

C'est une question qui reste pour l'instant sans réponse, mais il est évident que ça marche.

114. Plantez la graine, arrosez la graine, laissez la graine

Faire grandir une plante consiste à mettre une graine dans la terre, l'arroser, lui donner de l'engrais et surtout la laisser tranquille et ne pas la déterrer.

Nous pouvons faire une comparaison entre le fait d'avoir un rêve et l'action de planter une graine.

Planter la graine,
C'est définir ce que vous voulez ; un but, un rêve précis que vous pouvez résumer en une seule phrase. Et nous parlons bien de planter LA graine et pas LES graines. Il s'agit bien de focaliser sur un seul rêve à la fois. Planter la graine, c'est dire à la terre « je veux ceci ». Cela équivaut à prendre une décision.

Arroser la graine,
Arroser et donner de l'engrais à votre graine, c'est faire ce qu'il faut pour qu'elle grandisse. Pour que votre rêve se réalise, il va falloir le chérir, faire encore des actions jusqu'à ce qu'il pousse. Cela équivaut à tout le travail que vous faites jour après jour pour atteindre le but. Encore une fois, vous arrosez UNE seule graine, ce qui veut dire que vous accordez du temps, de l'argent et de l'énergie à UN seul but.

Laisser la graine,
Voici la partie la plus difficile à saisir et surtout à appliquer. Laisser la graine veut dire ne pas aller la rechercher sous terre pour voir si elle pousse. Vous êtes d'accord avec moi ; il serait idiot de déterrer votre graine chaque jour pour voir où en est sa croissance. En agissant de la sorte, vous l'empêcheriez de pousser.

Ce qui veut dire qu'en ce qui concerne votre but, il faut être dans un certain lâcher-prise. Il ne sert à rien de remuer toute la terre pour voir si votre graine pousse. En fait, vous ferez des actions au début, mais vous ne verrez pas de résultats. Et parfois il faut travailler dur, pendant des mois voire des années, avant d'obtenir votre objectif.
C'est la même chose que pour une graine plantée en terre. Il faut garder patience quand aucun résultat n'est encore perceptible. Mais ne vous en faites pas, si vous êtes en train d'arroser et de nourrir votre graine, elle est en train de grandir sous terre.

115. Ce que vous voulez vous veut

Il paraitrait que ce que vous voulez vous veut !

C'est étrange de dire cela, n'est-ce pas ?

Bon, ce n'est pas toujours vrai car il peut arriver que vous tombiez amoureux d'une personne et que vous vouliez engager une histoire avec elle alors qu'elle n'y pense même pas. Les gens possèdent leur libre arbitre et vous ne pouvez pas décider pour eux.

Mais alors, comment cette affirmation pourrait-elle être vraie pour des objets physiques ?

Nous pourrions expliquer cela par la loi d'attraction.

Étant donné que les énergies et vibrations de même fréquence s'attirent comme des aimants, nous pouvons dire qu'un objet qui possède la fréquence identique à celle émise par votre cerveau est attiré par vous. Nous pouvons alors dire que cet objet vous veut car ses particules électriques s'excitent jusqu'à ne faire qu'un avec vos propres atomes.

Lorsque vous avez ce livre posé sur votre table de chevet et qu'à un moment donné vous vous mettez à penser à en lire une page ou deux, il se produit alors un lien invisible à l'œil nu entre vous et le livre. Les atomes du livre commencent à s'exciter et à tourner plus rapidement sur eux-mêmes. Ils reçoivent une information provenant de votre cerveau car vous émettez des particules en direction du livre. Les particules du livre reçoivent une sorte d'appel du genre « je te veux, je te veux, je te veux ». Le seul moyen pour ses atomes en mouvement de se calmer, c'est d'aller vers vos atomes à vous pour s'unir.

D'ailleurs vous pouvez ressentir un petit apaisement, une sorte de satisfaction lorsque vous finissez par vous installer avec le livre en main. Cela est dû au fait que vous avez excité vos atomes en y pensant et qu'à la lecture de ce livre tout s'apaise en vous.

Comme nous l'avons vu au concept n°113, la distance maximale que peut parcourir la pensée (du moins prouvée par un procédé scientifique) est de 384 400 kilomètres. Il est donc facile d'imaginer que le processus que je viens de décrire avec un livre de chevet peut, de la même manière, fonctionner avec n'importe quel objet se trouvant sur la surface de la terre.

Vous pensez à une Ferrari se trouvant en Australie et qui est en vente ? Soyez sûre que cette Ferrari vous sent et que plus vous penserez à elle, plus ses atomes auront envie de vous connaître afin d'apaiser la tension que vous aurez créée entre elle et vous.

La Ferrari vous veut.

Ce que vous voulez vous veut.

116. Le doute peut faire chavirer un navire

Ce concept exprime l'idée que le moindre petit doute peut faire échouer votre entreprise. Pas à tous les coups, mais souvent cela peut tout faire couler. Bien sûr, si vous avez une grande confiance en votre projet et qu'un petit doute passager survienne, celui-ci ne fait pas le poids. Le doute restera passager dans ce cas-là.

Mais si vous alimentez le doute en y pensant et en y accordant de plus en plus d'attention mentale, il peut devenir rapidement plus fort que votre confiance. C'est comme l'histoire de la boule blanche (pensées positives) face à la boule noire (pensées négatives). Tant que la boule blanche est plus grosse que la noire, elle est plus forte. C'est le même principe pour la confiance et le doute. Tant que la confiance est plus importante, elle gagne toujours. Mais un petit doute (toute petite boule noire), peut très vite avoir un effet boule de neige et grossir plus vite que vous ne le voulez dans votre tête en anéantissant votre confiance.

Il est donc important de toujours nourrir la confiance en votre projet et de ne pas accorder de pensées, d'énergie ou de temps à vos doutes.

117. Le but numéro un est toujours de se sentir bien

Si je vous demandais quel est votre but ? Certains diraient « un montant d'argent », d'autres « une chose matérielle », d'autres encore « un projet d'entreprise » ou « une relation amoureuse », mais aussi « une meilleure relation avec un membre de ma famille » ; bref, chacun aurait un but différent de celui du voisin.

Je répondrais alors que chacune de ces réponses n'est pas tout-à-fait exacte. La vérité est que vous voulez vous sentir bien. Vous voulez être heureux parce que cela vous fait du bien. Les choses que vous énumérez sont simplement des moyens d'obtenir ce ressenti.

Il est facile de vérifier cela en vous demandant pourquoi vous voulez cela. Et si je répétais ma question, vous verriez que vous finiriez toujours par arriver à « Je veux me sentir bien. »

Exemple :
— Quel est votre but ?
— Ouvrir un magasin de chocolats.
— **Pourquoi** voulez-vous ouvrir un magasin de chocolats ?
— Parce que j'adore le chocolat.
— Oui, mais **pourquoi** vouloir en vendre ?
— Et bien comme ça je travaillerai dans le milieu de ma passion.
— Et **pourquoi** voulez-vous travailler dans le milieu de votre passion ?
— Parce qu'ainsi je me sentirai bien en faisant ce qui me plait.
— OK ! Donc en fait, ce que vous voulez vraiment, c'est vous sentir bien ?
— Oui cela me rendrait heureux.

Ce que nous cherchons tous, c'est le bonheur. Vous pouvez l'appeler autrement : joie, satisfaction, contentement, bien-être, béatitude, etc.

Il n'y a rien de mal à vouloir des choses précises pour vous procurer cette sensation. Mais voici ce que je vous propose. Pourquoi ne pas en faire votre but initial ? Pourquoi ne pas aller droit au but puisque de toute façon c'est ce que vous cherchez ? Pourquoi ne pas focaliser d'abord sur le fait de se sentir bien quoi qu'il arrive, et ensuite de faire ou d'obtenir certaines choses ?

C'est personnellement ce que je fais au quotidien. Je me fixe toujours l'objectif de me sentir bien maintenant, tout de suite. Et puis j'avance vers d'autres objectifs. C'est ce qu'on m'a enseigné et j'en suis complètement satisfait. De cette manière, je ne peux pas être déçu si je n'obtiens pas le but tant convoité. J'ai déjà atteint l'objectif qui est de me sentir bien. À partir de là, quoi qu'il arrive sur mon chemin, je sais que je serai heureux parce que je l'ai décidé. Chaque jour, mon but est de me sentir bien en faisant ce que je fais.

Cela possède par ailleurs l'avantage de vous mettre dans un bon état d'esprit. Vous réussissez mieux car vous êtes plus serein et vous n'avez pas d'attente. Si vous vous sentez déjà bien maintenant, rien ne peut vous atteindre, pas même « l'échec ». Sentez-vous bien, maintenant, tout de suite.

118. L'écran radar

Lorsque vous avez un projet, vous pouvez envisager tout un tas de plans et de stratégies pour arriver à vos fins. C'est ce que nous appelons le « comment », de la balance de l'équilibre du travail que nous avons étudiée dans le concept n°4.

Maintenant, j'aimerais que vous imaginiez que toutes les possibilités que vous envisagez aujourd'hui pour réaliser vos rêves, ces fameux « comment », sont sur votre écran radar qui fait dix centimètres sur dix centimètres. Mais j'aimerais également que vous imaginiez, et surtout que vous sachiez, que l'écran radar est en fait beaucoup plus grand. Il fait dix mètres de long sur dix mètres de large.

Vous pouvez uniquement voir ce petit carré de dix centimètres sur dix centimètres. Il existe donc beaucoup d'autres façons, d'autres routes qui mènent à votre destination. Vous ne pouvez ni les voir ni les imaginer, mais sachez qu'elles existent.

Par exemple, si votre désir est de vivre dans une plus grande maison, mais qu'en regardant votre écran radar vous n'avez pas les moyens de vivre dans une nouvelle maison plus grande, vous vous limitez. Vous abandonnez tout espoir d'obtenir une plus grande maison. C'est comme si vous disiez à l'univers ou à votre inconscient « Je ne peux pas obtenir une plus grande maison. » Peut-être que c'est vrai par rapport à votre situation actuelle. Il peut effectivement n'y avoir aucune possibilité de l'obtenir si on regarde votre écran de dix centimètres sur dix centimètres. Mais cette attitude vous maintient mentalement bloqué sur votre petit écran ; vous empêchez les autres possibilités d'arriver dans votre réalité.

Vous devez donc avoir conscience que d'autres choses existent en-dehors de votre écran. Soyez ouvert et imaginez sans cesse un écran de dix mètres sur dix mètres. Dites-vous qu'actuellement vous voyez telle ou telle possibilité sur votre écran mais qu'il en existe des milliers d'autres.

Le fait d'en avoir simplement conscience va faciliter l'arrivée de ces opportunités dans votre vie.

119. L'histoire d'Harry Houdini

Harry Houdini était un magicien, un grand illusionniste qui était passé maître dans l'art de se libérer. Il aimait particulièrement se faire enfermer dans des cellules de prisons pour s'en libérer au bout de quelques minutes.

Un jour, une nouvelle cellule fut construite dans une prison de Cologne, en Allemagne. Elle était réputée pour être la plus sûre du monde.
Alors Houdini se défia de s'en libérer.

Il fit venir de nombreux journalistes et du public pour assister à son numéro d'évasion.
Il se fit enfermer dans cette cellule par la police, et tout le monde attendait dehors qu'il sorte de la prison. En fait, le grand secret d'Houdini était son métier de maître serrurier. Il avait dans sa ceinture de pantalon tous les petits outils nécessaires à crocheter n'importe quelle serrure. Mais là, il était face à une serrure qu'il n'avait jamais vue et, au bout d'une demi-heure, il n'était toujours pas venu à bout de cette serrure. Il transpirait et commençait à stresser car, d'habitude, il se libérait au bout de cinq petites minutes.
Le public commençait à s'impatienter de le voir sortir.
Au bout d'une heure, il n'était toujours pas sorti.
Il était exténué par le maniement des crochets et par le stress qui était monté à son paroxysme...
Au bout d'un certain temps, il fut à bout de souffle. Il s'écroula contre la porte. Et la porte s'ouvrit... En fait, en raison de la présence de tous les journalistes et de l'euphorie suscitée par l'événement, le policier avait oublié de fermer la cellule à clefs. Notre pauvre Harry rata totalement son tour de magie, croyant qu'il était enfermé dans la cellule la plus résistante au monde, alors que s'il avait juste poussé la poignée, il aurait constaté qu'il était libre...

Cette histoire nous sert de leçon...

Nous sommes parfois comme Harry Houdini. Enfermé par rien d'autres qu'une croyance de notre esprit. Nous pouvons croire que nous sommes coincés dans telle ou telle situation parce que nous pensons être devant la serrure la plus robuste du monde ; juste parce qu'on nous l'a affirmé.
Nous pouvons tomber dans le piège et tenter de forcer la serrure avec nos outils, alors qu'il suffirait d'abaisser tranquillement la poignée de la porte et de pousser celle-ci pour sortir...

Faites attention à ce que les gens vous disent et faites encore plus attention à ce que votre propre mental vous dit. Vérifier à deux reprises que la porte (ou la fenêtre d'ailleurs) n'est pas déjà ouverte avant de vous acharner sur la serrure. Les choses sont souvent plus simples qu'il n'y parait.

120. Êtes-vous un gagnant ou un perdant

Êtes-vous un gagnant ou un perdant ?
Posez-vous sincèrement la question maintenant...

La réponse est en soi assez relative. C'est tout à fait psychologique. Être un gagnant ou un perdant est un état d'esprit. C'est un état d'être. Bien sûr, il y a aussi des éléments plus mesurables comme le fait de réussir en général ce que vous entreprenez, mais c'est en premier lieu un état d'esprit.

En fait, vous allez provoquer votre propre chance si vous avez une attitude de gagnant. Si vous dites que vous êtes un gagnant et bien vous allez réellement être un gagnant. Ça marche vraiment.

La première fois que je me suis rendu compte de cela, c'était lors d'une soirée au bowling avec des amis. Je n'avais pas joué au bowling depuis des années. Je n'aime pas ce jeu et, avant cette histoire, j'étais le plus mauvais joueur au monde. Je désirais secrètement qu'on mette les barrières qu'utilisent les enfants pour ne pas sortir la boule dans les gouttières... Ce soir-là, je jouais donc alors que je n'avais pas touché une boule de bowling depuis des années.
Mes amis ne connaissaient pas mon niveau.
Lorsqu'ils me demandèrent si j'étais bon à ce jeu, je sortis mon attitude de gagnant. Je répondis : « Bien sûr que je suis bon, excellent même ! » Le ton était ironique mais ils me prirent au sérieux. Je gardais donc cette attitude jusqu'à ce que mon tour arriva.

J'attrapai la boule et je me dis « soit ce truc va marcher soit ils vont constater la supercherie et ça fera rire tout le monde » Je lançai la boule et fis un Strike du premier coup ! Tout le monde s'écria « Ah oui effectivement tu es bon ! » Bien sûr, le score s'équilibra au cours de la partie avec les autres « vrais » bons joueurs. Je fis quelques Strike mais je n'atteins que la troisième place alors que nous étions une dizaine de personnes à jouer.
J'ai réitéré l'expérience quelques semaines plus tard au billard. Même résultat !

Depuis, j'adopte une attitude de gagnant dans tout ce que j'entreprends. Alors, évidemment, je ne deviens pas un champion illico, quelle que soit l'activité, mais le résultat est bien meilleur qu'avec une attitude de perdant.

Choisissez aujourd'hui dans quel camp vous voulez être et soyez-le. Le succès ne tient qu'à une décision. Décidez d'être un « winner » et vous transformerez en or tout ce que vous toucherez ; de la simple balle de bowling à l'objet de vos projets les plus ambitieux.

121. La taille de vos rêves et le temps

Devinez quelle est la différence entre vous et les personnes qui obtiennent de grands succès ?

La taille de leurs rêves et le temps.

Elles ont des rêves plus grands que les vôtres. Elles voient beaucoup plus grand. Par exemple, si vous avez l'envie d'impacter des milliers de personnes avec votre projet, sachez que les gens qui réussissent grandement pensent pouvoir toucher **des millions** de personnes.

Vous rêvez de gagner 10 000 euros par mois en revenu résiduel ? Elles désirent en gagner 100 000 mensuellement.

Plus votre rêve est grand, plus vous avez de puissance pour atteindre de gros objectifs. Pour vous aider dans cette voie, lisez les livres *La magie de voir grand* et *Les secrets d'un esprit millionnaire*.

La seconde différence entre vous et les personnes qui réussissent grandement est le temps. Elles ont une grande capacité à voir loin, très loin en avant dans le temps. Pour certains d'entre vous, il est difficile de se projeter sur une année parce que vous avez pris l'habitude de voir petit. Les leaders font des projets sur une période bien plus longue que cela. Ils établissent des projets sur cinq à dix ans, voire plus.

Plus vous pouvez voir loin et plus vous élargissez votre vision. Vos capacités s'agrandissent et vous parvenez plus facilement à accéder à de grands projets et à les gérer.

Les gens qui ne réussissent pas veulent tout, tout de suite. Ils ne peuvent pas attendre jusqu'au lendemain. Alors se projeter sur dix ans…

Pourtant, la vie est ainsi faite : pour de grandes réussites, il faut de grands projets, et pour de grands projets il faut beaucoup de temps.

Élargissez votre façon de penser et de voir l'avenir. Pensez grand et pensez loin.

122. Le ressenti avant Noël

Le ressenti idéal à avoir, pour maximiser vos chances d'obtenir toutes les choses que vous voulez, est le même que celui avant les fêtes de Noël (ou votre anniversaire si vous ne fêtez pas Noël).

Avant Noël, vous savez que vous allez recevoir des cadeaux et vous êtes excité à l'idée de les ouvrir. Vous vous sentez alors bien et heureux, bien que vous n'ayez pas encore les choses !

Cette sensation-là, vous devez tenter de la ressentir pour augmenter vos vibrations physique et énergétique. C'est l'état d'être idéal pour la manifestation de vos désirs.

Plusieurs facteurs sont en jeu.
Premièrement : vous devez être persuadé que vous allez réussir et que vous allez obtenir la ou les choses que vous voulez. A Noël, vous êtes certains de recevoir des cadeaux, il n'y a aucun doute. Demain c'est Noël, tout est prévu, vous allez recevoir vos cadeaux. Vous le savez, vous allez réussir tôt ou tard, c'est une certitude.

Deuxièmement : vous êtes heureux, vous vous sentez bien. Et cela alors que, pour le moment, vous n'avez rien du tout ! C'est cela le ressenti idéal. En gros, vous vous dites « Qu'importe si je n'ai pas encore atteint mon objectif, je me sens déjà tellement bien. »

Troisièmement : vous êtes dans un certain lâcher-prise. Vous n'avez plus besoin de remuer ciel et terre pour que cela arrive. La commande est passée ; tout ce que vous avez à faire est de vous rendre tranquillement à l'endroit où vous fêtez Noël (ou votre anniversaire).

Ces trois éléments sont des ingrédients très importants dans la recette de votre succès. Votre corps et vos pensées vont émettre exactement la bonne fréquence pour attirer à vous les choses dont vous avez besoin pour réaliser vos rêves et créer votre propre réalité.

Ayez la certitude que cela va arriver. Sentez-vous bien, même si vous n'avez pas encore ce que vous voulez. Et lâchez prise, soyez détendu tout en faisant les petites actions nécessaires.

123. La magie des images

La science s'est aperçue que si nous découpons un morceau d'atome, que nous l'éloignons de sa première partie de plusieurs milliers de kilomètres (laboratoire des États-Unis jusqu'à un laboratoire d'Australie) et que nous agissons sur la deuxième partie, la première est, à ce moment-là, affectée de la même manière et instantanément.

Nous savons également qu'une chose qui représente et symbolise un objet (ce que nous pouvons appeler hologramme) détient en fait une partie de cette chose. L'hologramme vibre en fait à la même fréquence subatomique que la chose qu'il représente. Donc si nous agissons sur l'hologramme d'un objet à des milliers de kilomètres, cela influence le véritable objet instantanément.

Par conséquent, nous pouvons croire que si vous désirez une chose et que vous voulez activer la loi d'attraction pour l'obtenir, il suffirait d'avoir à votre disposition un hologramme de cet objet.

Devinez quel est le type d'hologramme le plus simple à obtenir ?
Les photos !
C'est pour cette raison qu'il est fortement recommandé de composer des cahiers ou des tableaux de rêve contenant des photos de toutes les choses que vous désirez ou bien qui les représentent symboliquement. Capturer l'instantané d'une plage de l'île Maurice, c'est capturer un bout d'atome de cette plage. L'afficher sur votre tableau de rêve, c'est créer un lien énergétique entre cette plage et vous. Au moment où vous regardez cette photo, vous influencez la plage réelle qui se trouve à des milliers de kilomètres. Et comme nous l'avons vu au concept n°115, ce que vous voulez vous veut. La vie, les circonstances, les autres personnes ; tout l'univers va tenter de vous mener vers cette plage de l'île Maurice.

Et c'est précisément ce qui nous est arrivé à ma femme et à moi. Nous avions fait un tableau de rêves ensemble. Nous avions accroché différentes photos de choses que nous désirions faire, être ou avoir et, parmi ces photos, celles de plages paradisiaques. L'une d'entre elle se trouvait à l'île Maurice ; non pas que nous désirions à tout prix nous rendre sur cette île mais, où que ce soit, sur des plages de rêves au sable fin.

Devinez ce qui arriva moins de deux ans après ?
Nous nous sommes mariés, nous sommes allés en voyage de noces à l'île Maurice et nous nous sommes retrouvés sur cette même plage. Le meilleur dans tout cela, c'est que nous n'avions même pas véritablement choisi cette destination. Nous n'étions en fait pas conscients qu'il s'agissait d'une photo de

l'île Maurice. J'en ai pris conscience quelques semaines après notre retour en regardant le tableau de rêve par hasard... N'est-ce pas fascinant ?

Utilisez la magie des photos à votre avantage. Imprimez des images de choses que vous voulez et affichez-les partout autour de vous ! Salle de bains, chambre, frigo, bureau, voiture... Faites-le maintenant.

124. Lorsque vous émettez une fréquence, celle-ci est reprise par les autres cerveaux et affecte la matière physique

Albert Einstein et Thomas Edison ont prouvé que le cerveau est un émetteur et un récepteur de fréquences. Une pensée peut être émise à partir de votre cerveau et reçue par celui de quelqu'un d'autre.

Masaru Emoto a tenté une autre sorte d'expérience. Il a gelé de l'eau et a fabriqué de gros glaçons. Puis il a coupé une fine lamelle d'un de ces blocs gelés pour observer au microscope les cristaux dont il était fait. L'eau gelée au microscope forme comme des flocons de neige. Il a constaté que ces flocons étaient normalement constitués.

Puis il a demandé à une personne de se placer devant le gros glaçon et d'émettre des pensées négatives envers l'objet. La personne devait en quelque sorte haïr le glaçon, l'insulter etc. Il a coupé une nouvelle tranche de glaçon pour l'observer au microscope. Il a alors vu une différence significative ! Les cristaux étaient complètement déstructurés, ils s'étaient assombris et certaines parties manquaient.

Ensuite, la personne devait avoir des pensées positives envers le glaçon, comme l'amour, la compassion, la joie etc. Emoto observa à nouveau les flocons... Les cristaux étaient devenus magnifiques, splendides, parfaitement équilibrés, symétriques et lumineux. En fait, ils étaient encore plus beaux qu'ils ne l'étaient à l'origine !

Vous pouvez voir les photos de ces expériences sur Google, en écrivant Masaru Emoto. Vous pouvez même trouver des flocons correspondant à un seul mot précis car il a affûté ses recherches.

Les expériences extraordinaires d'Emoto nous font prendre conscience de deux choses.
Premièrement : si nous pouvons ainsi influencer l'eau, nous pouvons également influencer d'autres objets avec la seule force de notre pensée.
Deuxièmement : si nous avons un tel pouvoir sur l'eau et puisque nous sommes constitués à 70% d'eau, il est alors très, très important d'avoir le plus de pensées positives possible, pour le bien de notre corps !

Vous pouvez influencer les cerveaux et la matière physique. Les preuves scientifiques sont là. Qu'attendez-vous pour y croire ? Et surtout, qu'attendez-vous pour l'utiliser et manifester la vie que vous voulez ? Soignez vos pensées, dirigez-les vers là où vous souhaitez qu'elles aillent. Ne pensez pas à ce que vous ne voulez pas, pensez uniquement à ce que vous voulez.

125. Le succès, c'est la réalisation progressive d'un rêve qui en vaut la peine

Le succès n'est pas un point d'arrivée, c'est tout le chemin.

Une bonne définition du succès est la réalisation progressive d'un rêve qui en vaut la peine. C'est-à-dire que vous avancez vers quelque chose qui vous tient à cœur. Trouvez un grand « pourquoi » qui vous anime et vous enthousiasme à chaque instant.

Il faut que cela en vaille la peine, dans le sens ou cela doit vraiment vous tenir à cœur. Vous devez avoir un désir ardent pour l'obtention de votre rêve, pas juste une simple envie.

Simplement le fait d'avancer vers votre objectif est une réalisation en soit. C'est déjà un succès, car comme nous l'avons vu au concept n°122, vous vous sentez déjà bien en cours de route. Pas besoin d'avoir déjà vos cadeaux de Noël pour être satisfait. En fait, le jour où vous ouvrez vos cadeaux (le jour où vous réalisez votre rêve) c'est fini ! L'émotion redescend. Vous avez eu ce que vous vouliez alors que faites-vous maintenant ? Vous attendez Noël prochain !
Alors, autant prendre du plaisir en avançant vers la destination.

Le fait que vous ayez trouvé un rêve qui en vaut la peine est déjà tellement gratifiant. Combien de personnes ont perdu leur capacité à rêver ? Combien ne savent pas ce qu'elles veulent et n'ont aucun but dans la vie ? Beaucoup. Alors soyez déjà reconnaissant de savoir que vous avez une destination, un voyage, un parcours vers où aller. Le succès est de savoir ce qu'on veut et d'être heureux en le réalisant progressivement.

126. Le miracle en dix secondes

Ce que nous appelons le miracle en dix secondes, c'est le fait de prendre une décision ferme. C'est lorsque vous dites une phrase comme «je vais le faire, un point c'est tout » ou « peu importe ce qu'il m'en coûtera, je ferai tout ce qu'il faudra et j'y arriverai ».

Pourquoi appeler cela un miracle ?

Simplement parce que lorsque vous prenez une telle décision et que vous l'affirmez, de vrais miracles se produisent. Vous envoyez un grand flot de pensées. Des millions de particules se répandent alors dans tout votre être et dans le champ de la terre. C'est ce que nous appelons plus communément l'inconscient collectif. Sans entrer dans les détails car j'en parle déjà dans mon livre *12 concepts pour mieux vivre votre spiritualité*, c'est une matrice invisible à l'œil nu mais qui existe bel et bien. Toutes les pensées de tous les êtres vivants sur terre y sont stockées.

Quand vous prenez une vraie décision, vous faites vibrer ce champ dans la fréquence correspondante à la chose que vous désirez. Ainsi, toute personne qui est reliée de près ou de loin à cette fréquence (c'est-à-dire qu'elle peut vous aider à obtenir ce que vous voulez) va être impactée par votre pensée. _Par conséquent, des personnes, des événements et des circonstances seront attirés en votre faveur. Lorsque cela arrivera, cela vous paraîtra comme le fruit du hasard, alors qu'en fait c'est vous qui en êtes à l'origine, grâce aux pensées émises à partir de votre cerveau, véhiculées par le champ et réceptionnées par les autres cerveaux.

Cela peut ressembler à un miracle, mais la science commence à expliquer ce genre de chose.

Cependant, pour qu'une pensée s'accroche effectivement dans la matrice, possède suffisamment de puissance pour parcourir un certain chemin et impacte d'autres personnes ainsi que des choses physiques, il ne suffit pas de juste y penser furtivement. Il faut opérer une grosse focalisation, utiliser beaucoup d'énergie mentale durant une longue durée d'émission. D'où l'intérêt de prendre une décision ferme.

127. Éliminez le mysticisme

Je ne parle pas d'éliminer les choses de nature mystique comme l'astrologie, la numérologie, la magie, les sciences ésotériques, etc. Je parle ici du mysticisme dans le sens précis de « croire que des influences extérieures affectent votre vie ».

Avez-vous remarqué ces gens qui se plaignent toujours des choses extérieures ? « C'est la faute des gouvernements, c'est la faute des religions, c'est à cause de mon éducation, de mes parents, de mon patron, de la malchance, du chat noir qui a traversé la route devant moi quand j'étais jeune, de la pleine lune, des entités qui aspirent mon énergie, du diable, de Dieu etc. Quels sont les types de personnes qui accusent les circonstances extérieures de leur malheur ? Ce sont, dans la grande majorité des cas, des gens qui n'ont pas beaucoup de succès. Des gens qui n'accomplissent pas énormément de choses.

Observez une personne qui est au sommet de son art. Prenez n'importe quel millionnaire et regardez s'il se comporte de la sorte. Non, il ne se comporte pas de cette façon. Et vous savez pourquoi ? Parce qu'il est bien trop occupé à réaliser ses rêves. Il n'a pas le temps de s'occuper de ces choses-là. Ce n'est pas que ces choses ne l'atteignent pas. En fait Il réussit sa vie parce qu'il ne se préoccupe pas du reste. Il fonce pour construire sa vie et puis c'est tout.

Si vous dites souvent que vous n'y arrivez pas, à cause de ceci ou à cause de cela (origine extérieure à vous), c'est que vous êtes une victime. Et en tant que victime vous n'arriverez jamais à vos fins car vous attirerez davantage de situations catastrophiques. Dans la vie, vous êtes soit un effet, soit une cause sur votre environnement. En étant dans le mysticisme et en accusant toutes sortes de choses extérieures, vous êtes un effet.

Si au contraire, vous prenez conscience que vous êtes aux commandes de votre vie et que vous, et vous seul, décidez de ce qui doit arriver dans votre réalité, vous devenez une cause. Vous devenez LA cause de tout ce qui vous arrive ; en bien comme en mauvais. Donc, lorsqu'il vous arrive quelque chose de déplaisant, vous n'accusez plus les autres car vous savez que c'est vous qui avez créé cette situation. Et dans ce cas, vous prenez conscience que vous pouvez la changer. Oui, car si vous avez créé une catastrophe, et bien vous avez aussi le pouvoir de réparer cette catastrophe.

Vous avez le plein pouvoir, n'accusez pas les circonstances extérieures. C'est vous qui avez créé la vie que vous avez actuellement. Et ceci est une bonne nouvelle car cela veut dire que vous pouvez à partir d'aujourd'hui créer l'avenir que vous voulez. Je parle plus en détail de ce concept dans mon livre *12 concepts pour mieux vivre votre spiritualité.*

128. S'inquiéter, c'est avoir un objectif négatif

Si vous avez lus les concepts dans l'ordre depuis le début de ce livre, vous devriez comprendre, à ce stade, qu'il est primordial d'avoir un objectif clairement défini pour réussir.

Vous devriez également comprendre que le fait de penser à votre but d'une manière focalisée tout en vous sentant bien est une sorte de recette pour accélérer l'obtention de l'objet de votre désir.

Sachez désormais que s'inquiéter, c'est comme avoir un objectif négatif. Puisqu'on peut définir un objectif comme une pensée qui obsède le mental, s'inquiéter est également une pensée qui obsède le mental. Si vous vous inquiétez, c'est que vous êtes en train de penser à quelque chose que vous ne voulez pas et vos pensées attirent cette chose dans votre vie.

S'inquiéter, c'est penser intensément à une chose que vous voulez éviter. Par conséquent, c'est comme un objectif que vous avez défini. Le cerveau ne fait pas la différence entre ce qui est bon ou mauvais ; il met juste en route ce qu'il faut pour vous procurer des choses qui ressemblent le plus possible à la majorité de vos pensées.

Il faut alors éviter de penser aux choses que vous ne voulez pas et que vous n'aimez pas parce que votre énergie mentale se dirige vers elles.

Mère Teresa disait : « Ne m'appelez pas pour manifester contre la guerre, appelez-moi pour manifester pour la paix. »

Elle avait compris que, peu importe si nous pensons à acquérir une chose ou à l'éviter, l'univers nous apporte tout simplement la chose à laquelle nous pensons.

Évitez donc de trop vous inquiéter...

129. Trois choses que vous devriez faire tous les jours

Si vous ne deviez retenir qu'un seul concept de tout ce livre, choisissez celui-ci

Faites ces trois choses **tous les jours**, 365 jours par an :

Lire des livres. Nous en avons déjà parlé, « les leaders sont toujours des lecteurs ». Si vous voulez réussir, vous devez apprendre de nouvelles choses chaque jour. Et même si ce n'est pas nouveau, vous devriez donner de la nourriture à votre mental chaque jour. De la nourriture **PO SI TIVE** ! Lisez des livres qui vous donnent des astuces pour mieux réussir votre vie. Relisez ce livre et lisez les livres cités dans la bibliographie en fin d'ouvrage.

Écoutez des enregistrements sonores. Tout comme le fait de lire des livres, écouter des cours en audio ou des podcasts nourrit votre mental, mais d'une manière différente. Vous recevez, par ce moyen, l'information par l'ouïe et non par la vue. Il est donc important de faire les deux, chaque jour. Par ailleurs, l'un des avantages avec le format audio, c'est que vous pouvez apprendre tout en faisant autre chose (le ménage, la vaisselle, marcher, aller à la salle de sport, vous déplacer en voiture etc.).

Pensez à ce que vous voulez. Le fait de créer, chaque jour, dans votre tête, des images de toutes les choses que vous désirez, vous donne le carburant pour avancer toujours plus vers votre but. Cela vous incite à œuvrer chaque jour pour vous rapprocher de l'objectif que vous vous êtes fixé. Et bien sûr, vous devez vous sentir bien en y pensant.

130. Les deux meilleurs moments pour focaliser sur vos rêves

Quelqu'un m'a demandé récemment via mon compte Instagram, s'il y avait des moments idéaux dans la journée, le mois ou l'année, pour focaliser sur les rêves. Pour ce qui est du mois ou de l'année, je ne vais pas développer ici ; je pourrais créer un enseignement avancé si la demande est importante.

En revanche, ce que je peux vous dire, c'est qu'au cours de la journée, il y a deux moments clefs. Et ceci marche 365 jours par an. Il est plus important de se baser sur la durée d'une journée que sur des moments précis de l'année.

Ces deux moments sont au réveil, lorsque vous ouvrez les yeux et au coucher avant de vous endormir. Ces moments sont clefs car les pensées émises à ce moment-là entrent facilement dans votre inconscient. Et votre inconscient a un impact majeur sur votre vie. En pensant à vos désirs à ce moment-là, vous conditionnez votre cerveau à diriger toute son énergie mentale dans cette direction.

Il va ainsi vous aider plus facilement à trouver des solutions aux obstacles qui pourraient se dresser sur votre chemin. Votre cerveau comprendra aussi que ceci est important pour vous et en fera sa priorité.

Par ailleurs, vous devez arriver à convaincre votre inconscient que vous pouvez réaliser votre rêve. Il faut, pour l'atteindre, créer une voie d'accès directe entre le conscient, le subconscient et l'inconscient. Et cette voie s'ouvre naturellement au moment de l'endormissement ou juste au réveil.

Bien entendu, si vous voulez être certain d'atteindre votre but sans vous préoccuper du moment le plus approprié pour y penser, pensez-y **tout le temps** !

Plus vous y pensez, plus cela à des chances de se produire dans votre vie réelle. Vous devenez ou vous obtenez ce à quoi vous pensez le plus souvent. Donc, pensez à penser à ce que vous voulez, le plus souvent possible ; particulièrement au réveil et au coucher.

131. Construisez des relations positives

Imaginez que vous voulez construire une maison vous-même. Allez-vous emboiter ensemble des parpaings, des dalles, des bûches de bois, des branches, des boites en carton et du polystyrène pour construire vos murs ?

Non ! Vous allez plutôt choisir une seule matière et construire tous vos murs avec. Il est plus cohérent de privilégier un matériau pour construire une maison solide.

Votre réussite se construit de la même façon. Si vous fréquentez des personnes trop différentes de vous, vous serez déstabilisé, tout comme vos parpaings seraient déstabilisés s'ils reposaient sur des branches de bois. Vous voulez être positif, aller de l'avant et réussir votre carrière ou n'importe quel projet ? Alors entourez-vous de personnes positives, qui vont de l'avant ou qui, du moins, vous encouragent à le faire.

Par exemple, si vous voulez vous lancer dans une carrière en immobilier, fréquentez des personnes qui travaillent dans l'immobilier. Si vous voulez être auteur, fréquentez des auteurs. Si vous voulez être informaticien, fréquentez des informaticiens.

Attention tout de même à ne pas rester enfermé dans votre cercle de fréquentation. Je vous conseille de fréquenter le même type de personnes, **la plupart du temps**. Il est bon de rencontrer de temps en temps de nouvelles personnes qui sont complètement différentes de vous et qui sont dans d'autres sphères d'activité, afin d'élargir votre façon de penser.

Vous pouvez aussi avoir des amis qui ne sont pas dans la même branche que vous pour partager des loisirs et vous changer les idées durant quelques heures.

Si vous avez bien suivi ce concept, vous devriez fréquenter quatre types de personnes pour avoir du succès.

Par ordre d'importance :
- Les personnes ambitieuses et positives qui veulent également le succès et qui vous tirent vers le haut.
- Les personnes qui sont dans le même secteur d'activité que vous.
- Des personnes différentes, voire totalement à l'opposé de vous afin d'élargir votre esprit.
- Des amis qui ne sont pas dans le même secteur que vous, afin de penser à autre chose, vous amuser et lâcher-prise.

132. Vous devez y croire avant de le voir

Nous entendons souvent qu'« il faut le voir pour le croire ». Ceci vient d'une affirmation de Thomas, le disciple de Jésus. Il voulait voir les cicatrices de Jésus pour pouvoir croire que c'était vraiment lui et qu'il était vraiment ressuscité. Jésus lui montra ses cicatrices et lui dit « Tu crois parce que tu vois, bénis soient ceux qui n'ont pas vu et qui pourtant croient. » La foi de Thomas fut mise à l'épreuve.

La foi est définie comme le fait de croire en une chose qu'on ne voit pas.

Le point où je veux en venir avec ce concept c'est que, même si vous ne croyez pas en Dieu, si vous voulez du succès, il va vous falloir de la foi. Non pas en Dieu, mais en votre réussite. La foi en votre succès, c'est-à-dire la croyance que vous pouvez le faire.

En effet, quel que soit votre but, il y aura forcément un moment où vous serez seul face au désert. Il n'y aura rien du tout, aucune preuve que vous pouvez réussir, aucune construction physique qui montre que vous êtes dans la bonne voie. Et à ce moment-là, si vous ne croyez pas un minimum en votre rêve, vous n'aurez plus la force d'avancer.

Toutes les personnes qui réussissent sont passées par là. Elles ont toutes été, à un moment donné, en train de faire des actions, sans voir aucun résultat tangible. Mais elles ont persévéré car elles avaient foi en leur rêve.

Un de mes enseignants m'a dit : « La foi est la substance des choses qu'on espère, la preuve des choses qu'on ne voit pas. » Alors, s'il y a une seule preuve de votre réussite à venir, c'est bien votre foi.

Vous pouvez réussir. Je peux l'affirmer car chaque être humain possède en lui le germe de la réussite. Croyez et vous verrez.

133. Ce que vous voulez vraiment, vous l'obtenez

« Demandez et vous recevrez. » Vous connaissez cette célèbre affirmation. Elle est vraie ; ce que vraiment, vraiment, vraiment vous voulez, vous l'obtenez. Et ce, d'une manière ou d'une autre, parce que si vous voulez vraiment quelque chose, vous allez focaliser dessus, vous allez y penser tout le temps, durant une longue période de temps. Par la force des choses, de votre mental, de votre âme qui vibre à l'unisson de votre désir et avec l'aide de la loi d'attraction, vous allez le manifester tôt ou tard dans votre réalité.

Si vous ne l'obtenez pas, c'est que, soit vous ne le voulez pas vraiment au fond de vous soit vous n'appliquez pas correctement la recette du succès. Mais si votre âme désire réellement cette chose et que vous appliquez tous les concepts de ce livre, vous obtiendrez l'objet de votre rêve.

C'est ainsi que cela marche ; c'est ce qu'ont fait toutes les personnes qui ont accompli une grande réussite.

Mais ce concept va de pair avec le suivant...

134. Ce que vous ne voulez vraiment pas, vous l'obtenez également

Ce que vraiment vous ne voulez absolument **pas,** malheureusement, vous allez l'obtenir, tout comme les choses que vous voulez absolument. Pourquoi ce phénomène ? Vous allez peut-être penser que c'est injuste. Pour votre inconscient et la loi d'attraction, la justice n'existe pas. Désolé de vous apprendre cette triste réalité. La vérité c'est que vous manifestez simplement dans votre réalité la chose à laquelle vous pensez le plus souvent. Fin de l'histoire.

C'est ainsi, si vous pensez tous les jours que vous voulez absolument obtenir une Porsche, un jour vous aurez une Porsche. Si vous pensez tous les jours que vous ne voulez surtout pas avoir d'accident avec votre nouvelle Porsche, un jour vous allez avoir un accident. Il n'y a pas de justice avec cette règle, vous devenez ce à quoi vous pensez le plus souvent.

Si vraiment, vraiment, vraiment, vous ne voulez pas une chose, vous êtes tout le temps en train d'y penser et vous finirez donc par l'attirer. Bien sûr, cela est vrai uniquement pour les choses que vous ne voulez pas et auxquelles vous pensez tous les jours.

Si vous voulez une nouvelle relation avec une personne qui ne fume pas, ne focalisez pas sur « je veux une personne qui ne fume pas », car c'est ce que vous ne voulez **pas**. Dites plutôt « je veux une personne saine qui respire correctement et qui a des poumons en bonne santé ». Si votre compte bancaire est débiteur ne dites pas « je ne veux plus être dans le débit », dites à longueur de journée « je veux que mon compte bancaire soit en positif ».

Évitez donc de toujours penser aux choses qui vous font peur et à ce que vous ne voulez pas, et focalisez la plupart de vos pensées sur vos rêves, vos objectifs et ce que vous voulez vraiment.

135. Ayez un tableau de rêve

Une technique très puissante pour vous aider à manifester vos rêves plus rapidement grâce à la focalisation consiste à réaliser un tableau de rêve.

Procurez-vous un tableau en liège, ceux dont les gens se servent pour accrocher des photos souvenirs ou ceux qui sont utilisés dans les entreprises pour accrocher des post-it rappelant les choses à faire.

Accrochez-le chez vous sur un mur que vous voyez tous les jours, ou bien au bureau. Mettez-y des photos de toutes les choses que vous voulez, que ce soit matériel ou non-matériel.

Cela peut être des images de choses matérielles comme les voitures de luxe dont vous rêvez, des yachts, des grandes demeures ou villas avec piscine, des vêtements, des accessoires, des bijoux, des montres de luxe et autres gadgets.

Et vous pouvez également y mettre des images symbolisant de choses non matérielles comme une famille heureuse qui sourit et qui joue, les destinations de vacances ou vous voulez absolument aller etc.

Faites travailler votre imagination pour trouver les meilleures images qui représentent ce que vous désirez le plus. Vous pouvez découper ces photos dans des magazines ou bien les chercher sur internet et les imprimer.

Regardez ce tableau tous les jours. Et même si vous ne le regardez pas, rien que le fait de passer devant, va rappeler à votre inconscient (qui voit le tableau du coin de l'œil), que vous avez des buts, des rêves à concrétiser et que vous ne pouvez pas vous permettre de vous affaler toute la journée devant la télé !

Cette technique est puissante, car elle vous permet de diriger vos pensées constamment vers vos buts. Et comme nous l'avons vu dans le concept numéro 123 « la magie des images », cela active un champ d'énergie envers les choses qui sont représentées comme des hologrammes.

Vous augmenterez ainsi considérablement vos chances de faire de vos rêves une réalité.

136. Le mythe de fixer une date pour votre objectif

Nous entendons souvent qu'il faut impérativement fixer une date limite pour achever un projet. Ceci est un mythe, ou du moins, ce n'est pas du tout une nécessité. Au contraire, cela peut même jouer en votre défaveur !

Fixer une date limite c'est augmenter la pression, car plus la date approche et plus vous êtes tendu et stressé à l'idée de ne pas réussir à temps.

C'est également limiter les possibilités pour le monde qui vous entoure de vous donner la meilleure opportunité. En gros, vous dites à l'univers : « Je veux tel chiffre d'affaires pour mon entreprise à cette date précise. » Mais peut-être que l'univers avait prévu un bien meilleur plan pour vous grâce à un partenariat qui pourrait potentiellement vous rapporter encore plus.

Mais si cette opportunité ne peut se produire qu'après cette date, à cause de toutes les variables qui sont en jeu et que nous ne maîtrisons pas, alors vous l'empêchez d'arriver.

Si le jour « J » arrive et que vous n'avez pas atteint l'objectif, vous allez probablement entrer inconsciemment dans une spirale mentale descendante qui va vous aspirer vers le bas. Vous allez considérer cela comme un échec. Vous allez vous sentir minable et vous allez attirer d'avantage d'échecs. Voilà le grand piège de fixer une date butoir pour votre succès.

ATTENTION : ne confondez pas le fait de mettre une date sur vos rêves, avec le fait d'en fixer pour vos petites actions quotidiennes. Il est recommandé de mettre en place des actions concrètes avec dates butoirs dans votre agenda. Mais uniquement pour les actions que vous êtes en capacité de faire.

Le résultat final, le grand objectif ou sous objectif dont vous ne maîtrisez pas tous les paramètres, lui, ne devrait pas avoir de date fixe. Vous devez être souple là-dessus et avoir un détachement par rapport au moment où cela va se produire.

Soyez patient.

Ne soyez pas pressé d'arriver à destination, prenez du plaisir au voyage.

Vous pouvez avoir une légère préférence telle que : « J'aimerais bien achever cela grosso modo durant l'année 2040, et si c'est avant ou après, ça ne fait rien ». Vous aurez ainsi une ligne de conduite pour vos actions, mais sans pression.

137. Le fait de penser au comment peut pratiquement garantir l'échec

Vous avez le « pourquoi » vous faites les choses et le « comment » vous faites ces choses.

Lorsque vous pensez aux différents « comment » pour réaliser votre but, ceci peut pratiquement garantir l'échec. La plupart du temps, vous ne voyez qu'une petite partie de l'écran radar.

Beaucoup de moyens se trouvent en-dehors de votre écran et vous ne pouvez pas les imaginer pour le moment. Par conséquent, en focalisant vos pensées sur ces seuls moyens, vous pourriez par la force de votre mental, empêcher les autres moyens de se produire d'eux-mêmes.

Comme nous l'avons bien compris et prouvé dans les concepts vus jusqu'à présent, nous attirons dans notre réalité les choses auxquelles nous pensons. A partir de ce constat, penser à des « comment » précis bloque l'accès à tout le reste. Cela peut pratiquement garantir l'échec car votre but doit peut-être se produire par un des moyens que vous ne voyez pas actuellement.

Si vous voulez être sûr de réaliser vos rêves, pensez plutôt au « pourquoi ». Quand vous pensez au « pourquoi », vous vous sentez bien, vous êtes en train de vibrer avec votre corps et votre âme de la meilleure façon possible pour créer la vie que vous voulez.
Votre « comment » se manifestera de lui-même. Le meilleur moyen d'accomplir votre destinée se présentera, car vous êtes dans un excellent état vibratoire.

Pensez davantage à vos rêves, à pourquoi vous les voulez plutôt qu'à comment les réaliser. Si vous êtes à longueur de journée en train de rêvasser à ce que vous voulez (en vous sentant bien), très bien ! Continuez, car vous êtes en train de vous transformer en aimant et vous allez attirer l'objet convoité d'une façon ou d'une autre.

Alors vous allez me dire : « Mais si je reste tous les jours allongé dans mon lit à rêver de ce que je veux, ça ne va pas arriver comme par miracle ! »

Et bien vous pourriez faire ça. Vous pourriez très bien rester couché toute une semaine à rêvasser. Mais soyez certains qu'au bout de la semaine ou probablement avant, vous vous sentirez tellement bien et vous aurez une telle énergie pour atteindre vos buts, que vous allez forcément sortir du lit. Parce que vous aurez envie de bouger, d'entrer en action, car au fond de vous, vous êtes un créateur qui ne demande qu'à créer la vie qu'il désire.

138. Prenez les choses à cœur, mais pas tant que ça

Dans la vie, et plus particulièrement dans le monde des affaires et de la négociation, vous devez prendre les choses à cœur. Bien sûr, il faut que les choses que vous faites soient importantes pour vous. Faites que vous ayez une excellente raison de les faire et que vous ayez envie de vous lever chaque jour pour réaliser vos objectifs.

Mais, il y a un mais. Vous devez prendre les choses à cœur, certes, mais pas tant que ça. Il est recommandé en fait, d'avoir un certain lâcher-prise et un détachement par rapport à tout ce que vous faites. Je sais que cela est difficile, surtout si vous prenez justement les choses très à cœur.

La réussite est un jeu d'équilibre entre vouloir réussir et en même temps se dire « qu'importe si finalement je ne l'ai pas ». Ce n'est pas facile de trouver cet équilibre mais personne n'a dit qu'il était facile de réussir (sauf les vendeurs de rêves).

Alors pourquoi faut-il avoir ce lâcher-prise, cette espèce de je-m'en-foutisme sous-jacent ?

<u>Premièrement :</u> parce que vous augmentez vos chances de réalisation. Vous avez bien lu, en désirant un peu moins fort ce que vous voulez, vous augmentez vos chances de l'obtenir ! Pourquoi ? Tout simplement parce que vous êtes davantage relâché physiquement et intellectuellement. Par cet état d'être, vous réussissez mieux que si vous êtes tendu et pressé d'obtenir votre rêve.

<u>Deuxièmement :</u> parce qu'en agissant ainsi, vous vous sentez bien, maintenant tout de suite. Si une fois sur votre lit de mort, vous constatez que vous n'avez pas obtenu l'objet de vos désirs, ce n'est pas si grave parce que vous aurez vécu une vie heureuse. Rappelez-vous : la réussite est la réalisation progressive d'un rêve qui en vaut la peine. Vous aurez vécu détendu et heureux d'avancer vers un éventuel objectif. Vous serez d'accord avec moi, c'est beaucoup mieux que de vivre stressé toute votre vie.

Prenez donc les choses à cœur, mais pas tant que ça.

139. La connaissance n'est le pouvoir que si elle est utilisée

Vous avez entendu dire que la connaissance, c'est le pouvoir, et c'est vrai comme nous l'avons vu au concept numéro 73.

Mais ceci est une semi-vérité.

La vérité complète de cette affirmation est la suivante ; la connaissance n'est le pouvoir que si elle est utilisée.

Il faut utiliser réellement ce que vous connaissez pour obtenir du pouvoir. Vous pouvez savoir des tas de choses et ne pas vous en servir. Dans ce cas, la connaissance ne vous apporte pas grand-chose, mis-à-part dans votre tête. Si vous n'appliquez pas concrètement ce que vous savez, vous ne valez pas mieux que les personnes qui ne savent pas.

Vous ne vous démarquerez de la masse que si vous accomplissez des choses, et vous ne pouvez accomplir que si vous utilisez vos connaissances.

Admettons que vous apprenez à jouer du piano. Vous lisez des tas de méthodes de piano, vous prenez des leçons en ligne, vous regardez des vidéos tutoriels et vous écoutez du piano tous les jours. Tout cela pendant deux ans, chaque jour. Vous apprenez, vous apprenez, vous apprenez. Il est certain qu'au bout des deux ans vous saurez plus de choses sur cet instrument que tous vos amis réunis. Malheureusement, vos amis s'en fichent totalement que vous sachiez jouer du piano, tant qu'ils ne vous ont pas entendu jouer... Peut-être que les plus gentils diront « Wouahou, tu as appris tout ça en deux ans, c'est incroyable ! ». Mais le jour où vous appliquerez vraiment vos connaissances et que vous vous installerez derrière votre instrument, en face de vos amis, et que vous jouerez ; à ce moment-là et seulement à ce moment-là, vous entendrez un vrai « WOUAHOU, tu joues vraiment bien du piano, c'est vraiment incroyable ! »

La connaissance n'est le pouvoir que si elle est utilisée.

Il en va de même pour ce livre. Si vous le rangez dans la bibliothèque après l'avoir lu, vous n'aurez pas plus de pouvoir que toutes les personnes qui ne l'ont pas lu. Appliquez réellement ces concepts dans votre vie, utilisez-les dans votre quotidien et vous verrez une différence dans votre vie.

140. L'avantage que vous avez quand tout va mal

Difficile à croire et à admettre, mais vous avez un énorme avantage lorsque tout va mal dans votre vie ou dans un secteur de votre vie. C'est celui de clarifier ce que vous voulez vraiment.

Quand des choses vont mal, vous êtes en train de faire l'expérience de choses que vous ne voulez pas. Ceci vous permet de définir clairement ce que vous ne voulez absolument pas ou plus dans votre vie. Ceci n'est faisable facilement que lorsque vous vivez vraiment ces choses horribles. Vous pouvez alors dire honnêtement : « Ça, je ne veux absolument pas/plus ; c'est une situation qui ne m'est pas confortable, je n'en veux pas/plus. »

Une fois que vous avez constaté ce que vous ne voulez absolument pas, vous pouvez définir ce que vous voulez vraiment, c'est-à-dire dans la plupart des cas, l'inverse. C'est comme si vous découvriez pour la première fois l'obscurité et que vous dites « oh, mais je ne vois rien dans le noir, je préfère la lumière », ou que vous ressentiez pour la première fois le froid et que vous disiez « et bien je préfère le chaud ». Vous ne pouvez pas affirmer que vous préférez une chose si vous n'avez pas clairement connu son inverse.

C'est la même chose dans la réussite. Lorsque vous êtes au plus bas, dans ce que nous appelons communément « l'échec », vous pouvez faire naître un vrai désir de succès.

A ce moment-là, vous déployez une bien plus grande force, une motivation à toute épreuve. C'est souvent dans cette situation que les gens prennent des décisions fermes car ils en ont marre d'en avoir marre. Quand les gens sont au bord du gouffre, ils finissent par dire ce qu'ils auraient dû dire depuis un moment : « Maintenant j'en ai marre, je ne veux plus de ça, je vais faire ceci, un point c'est tout. »
On peut se dire que c'est dommage d'en arriver là, d'attendre d'être tout en bas pour enfin changer les choses. Mais c'est ainsi, l'humain va chercher cette grande force dans l'adversité.

Profitez des moments où tout va mal pour définir clairement ce que vous voulez et récupérez cette grande force de motivation pour poser des actes.

141. Quand vous vous sentez mal, l'objectif n'est pas de vous sentir super bien

Souvent on vous dit qu'il faut se sentir bien, de toujours se sentir super bien ; moi-même je le dis dans ce livre. Se sentir super bien est un état qui vous aide à mieux concrétiser vos rêves. Cependant, restons réaliste. Quand tout va mal dans notre vie (et cela nous arrive à tous une fois de temps en temps), il n'est pas possible de se sentir super bien. Passer du mode « je me sens super mal » à « je me sens super bien » est un saut beaucoup trop grand.

Votre objectif alors n'est pas de vous sentir super bien. Votre objectif, lorsque vous vous sentez mal, est de vous sentir juste un tout petit peu mieux.
Visez simplement l'étape au-dessus. Imaginez une échelle de ressentis avec en bas, les ressentis hyper négatifs comme la tristesse, la mélancolie, la colère etc., et tout en-haut, des ressentis de bien-être comme la joie, l'excitation, le bonheur, le nirvana etc. En fait, cette liste bien précise existe, dans le livre de Jerry et Esther Hicks, *Demandez et vous recevrez*. Je vous recommande fortement de le lire, cela dit en passant.

Alors, tout comme vous ne monteriez pas à une échelle en bondissant de tout en bas jusqu'à tout en-haut, il en est de même avec l'échelle des émotions. Si nous sommes honnêtes, lorsque nous sommes totalement abattus, nous ne pouvons pas bondir au sommet du bien-être en un claquement de doigts. Fixez-vous le but de monter une seule et unique barre de l'échelle, et cela sera déjà très, très bien. Parce que la barre supérieure est toujours plus confortable que celle d'en-dessous. Et elle vous permet de passer plus facilement à celle d'au-dessus et ainsi de suite.

Ne vous ordonnez pas de monter tout en-haut, car alors vous déprimerez encore plus en vous rendant compte que ce n'est pas possible. Fixez comme objectif de vous sentir juste un tout petit peu mieux et soyez patient. Le lendemain, lorsque vous vous sentirez effectivement un peu mieux, fixez-vous encore une fois l'objectif d'aller à l'étage supérieur, juste de vous sentir un tout petit peu mieux encore.

L'objectif à chaque instant est tout simplement de se sentir un tout petit peu mieux.

142. Connaître votre but comme votre nom

Je vais vous poser quelques questions et je vous demande d'y répondre à voix haute ou, au moins, de prendre le temps d'y répondre correctement mentalement.

Comment vous appelez-vous ?
Quel âge avez-vous ?
Quelle est votre adresse ?
Quel est votre numéro de téléphone ?
Quel est votre but ?

Si vous avez mis beaucoup plus de temps à répondre à la dernière question, vous n'êtes pas près d'avoir une réussite, désolé. Si vous avez mis un peu plus de temps à répondre, mais que vous savez nommer votre but, c'est que vous êtes sur la bonne voie. Vous allez probablement réaliser votre souhait dans les années qui viennent. Si vous avez répondu aussi rapidement à la dernière question qu'aux précédentes, félicitations ! Vous faites partie de la minorité des gens qui savent clairement ce qu'ils veulent et vous êtes certain de réussir. Votre succès est tout proche !

En effet, si vous connaissez votre but aussi bien que vous connaissez votre nom et votre âge, c'est que l'objectif est bien gravé dans votre cerveau. S'il est bien gravé dans votre cerveau, cela veut dire, d'une part, que vous l'avez clairement défini et, d'autre part, que vous y pensez tout le temps. Ceci vous apportera à coup sûr la réussite.

Si vous ne le connaissez pas aussi bien que votre propre nom, c'est que vous n'y pensez pas suffisamment. La force mentale rattachée à l'objectif est donc insuffisante et ceci en réduit considérablement les chances de réalisation. Mais ce n'est pas la fin du monde ! C'est plutôt une bonne nouvelle si vous venez de réaliser cela car, désormais, vous savez ce qu'il vous reste à faire. Connaître votre objectif par cœur. Pour cela, définissez votre rêve en une phrase courte. Je répète : **une seule phrase courte**. Écrivez-la et affichez-la quelque part ou vous la verrez chaque jour. Dites-la tous les jours à voix haute et j'insiste « à voix haute », car si vous connaissez votre nom et vos coordonnées par cœur, c'est parce que vous les dites à voix haute, encore et encore depuis des années...

Lorsque vous saurez répondre à la question « quel est votre but ? » aussi rapidement qu'à celle-ci « quel est votre nom ? », vous serez tout proche de la réalisation de votre rêve.

143. Si vous voulez beaucoup d'argent il faut vouloir beaucoup d'argent

Beaucoup de personnes prétendent vouloir beaucoup d'argent quand on leur demande leur objectif. Mais quand on creuse un peu avec des questions du genre « qu'êtes-vous prêt à faire pour avoir cet argent, qu'êtes-vous prêt à abandonner pour cela, êtes-vous prêt à faire tous ces sacrifices pour l'obtention de cette somme colossale d'argent ? », on se rend compte qu'ils préfèrent finalement ne rien changer et rester dans leur zone de confort. Ils n'ont pas envie de réellement bouger pour atteindre cet objectif. Je suis désolé de vous dévoiler cette vérité si vous êtes dans ce cas. Vous ne gagnerez pas **beaucoup** d'argent si vous ne bougez pas vos fesses. Sauf évidemment si vous gagnez au loto. Mais les mathématiciens nous ont démontré que pour aligner les cinq bons numéros, vous avez une chance sur 1 906 884. Et pour le gros lot, le grand jackpot, il faut également le numéro chance (celui de la seconde grille) ce qui réduit les chances à un cas sur 19 068 840. Ce qui veut dire plus de dix-neuf millions de chance de perdre...

Alors, si vous décidez de devenir riche en faisant des actions concrètes comme ouvrir une ou plusieurs entreprises, il faut une seule chose : vouloir beaucoup d'argent. Il faut avoir une véritable obsession pour l'argent et tout sacrifier pour devenir riche. Lorsque vous deviendrez riche, vous pourrez alors penser à mettre un peu de vos pensées dans le reste de votre vie. Mais en attendant, de vous à moi, tous les grands succès des multimillionnaires ne sont pas arrivés tout seuls, comme par magie. La plupart des gens très riches voulaient être très riches. Avoir une vie équilibrée est un mythe. Si vous voulez une grande réussite, il faudra, du moins pendant quelques années, vivre une vie un peu déséquilibrée en focalisant uniquement sur votre réussite. Je ne parle pas du fait de le mériter ou pas, que l'argent soit bon ou pas, ceci est un autre débat. Vouloir de l'argent n'est pas une mauvaise chose, c'est l'amour de l'argent qui est une mauvaise chose. Vous ne devez pas aimer l'argent et utiliser les gens, vous devez **aimer les gens et utiliser l'argent**.

L'argent en soi est neutre. Je ne suis pas là pour dire que vous faites de l'argent d'une bonne ou d'une mauvaise manière et que la façon dont vous l'utilisez est bien ou pas. Cela ne regarde que vous. Mais ce qui est sûr, c'est que, si vous voulez beaucoup d'argent, vous devez vouloir beaucoup d'argent, un point c'est tout, et ne vouloir rien d'autre.

Si vous dites « oui, mais… à condition que… », laissez tomber la focalisation sur l'argent. Dans ce cas, ce n'est pas vraiment ça que vous voulez, alors redéfinissez ce que vous voulez vraiment.

144. Ayez une obsession magnifique

Dans le concept précédent, nous avons vu que si vous voulez beaucoup d'argent, il faut focaliser sur avoir beaucoup d'argent et rien d'autre. Il en va de même pour tout autre désir.

Vous devez développer une véritable obsession pour la chose que vous convoitez et focaliser sur cette unique chose. La focalisation créée le succès. Vous ne pouvez pas penser à deux ou trois choses simultanément, sinon votre énergie va se disperser. Choisissez un seul but et mettez des œillères afin d'en être obsédé.

Cependant, l'obsession doit être magnifique. C'est-à-dire que cela doit avoir du sens pour vous. Je ne parle pas d'obsession au point d'oublier tout le reste et d'écraser tout le monde. Vous ne devez pas devenir méchant pour autant. Vous devriez avoir le sourire lorsque vous parlez de votre obsession, vous sentir bien et émettre une belle énergie lorsque vous êtes focalisé dessus. C'est ça, avoir une obsession magnifique. C'est lorsque les gens autour de vous se sentent également bien quand vous travaillez à la réalisation de votre rêve car vous véhiculez de belles énergies, comme une véritable histoire d'amour entre vous et votre but.

Être obsédé, mais être dans un état d'amour et de bienveillance, voilà ce qu'est une obsession magnifique.

145. Si vous voulez voir les choses changer dans votre vie, il va falloir changer des choses dans votre vie

Beaucoup, beaucoup de personnes disent « j'aimerais du changement » ou « j'aime le changement ». Mais en réalité, lorsque vous regardez la vie des gens, vous vous rendez compte qu'elle est faite d'énormément d'habitudes quotidiennes. On constate aisément que les gens n'aiment pas particulièrement le changement. Ils ont peur de l'inconnu.

Si vous voulez plus de réussite dans votre vie, il va falloir affronter cette peur-là. Vous devrez faire un pas dans l'inconnu. Le changement ne vient que par un seul type d'action, celui de faire du changement…

Si vous y réfléchissez bien, aucun changement ne se produira si vous ne changez pas quelque chose dans votre façon de penser et d'agir. Par conséquent, si vous voulez voir du changement dans votre vie, il va falloir faire du changement dans votre vie.

Vous ne pouvez pas dire que vous désirez de nouveaux amis si vous n'êtes pas prêt à diversifier et multiplier vos sorties.

Vous ne pouvez pas dire « j'en ai marre de mon boulot ; je l'exerce depuis vingt ans », si vous n'êtes pas prêt à envisager de vous lancer dans une branche professionnelle totalement différente.

Vous ne pouvez pas dire que vous en avez ras-le-bol de votre conjoint, si vous n'êtes pas prêt à retourner dans la case célibataire.

Toute réussite provient d'un changement et tout changement nécessite que vous fassiez un changement auparavant, même minime.
Soyez prêt aux changements, acceptez-les, provoquez-les et aimez-les.

146. Les trois éléments clés lorsque vous voulez de l'argent

Si votre but tient du domaine financier, vous devez garder à l'esprit ces trois choses :

La somme précise que vous voulez. Il faut que ce soit clair dans votre esprit. Je vous l'ai déjà dit, mais je vous le répète : vous ne pouvez pas atteindre une cible que vous ne voyez pas. Définissez la somme précise que vous voulez.

Qu'allez-vous faire de cet argent ? Ici aussi, il faut être précis dans ce que vous voulez et prévoir comment vous allez dépenser cette somme jusqu'au dernier centime. C'est important car à travers l'argent, ce sont ces choses-là que vous voulez réellement. Et le fait d'y penser va activer la loi d'attraction ; ce qui fait que vous les obtiendrez peut-être sans cet argent mais d'une autre manière.

Comment vous sentirez-vous, lorsque vous aurez ces choses définies au point précédent ? Il est important de savoir déjà à l'avance, comment vous vous sentirez à ce moment-là car c'est le ressenti encore plus que la pensée qui active la loi d'attraction. Vous pouvez donc davantage réaliser vos rêves si vous êtes dans le ressenti d'obtention de ces choses. Vous pourriez même vous rendre compte que, finalement, ce n'est pas forcément cette somme d'argent, ni même ces choses matérielles que vous voulez, mais tout simplement un ressenti.

147. Les super riches ont de la chance parce qu'ils créent leur propre chance

Êtes-vous chanceux(se) ?

La chance est un art et, en même temps, une science. La plupart des gens sur terre pensent qu'elle est le fruit du hasard ou qu'elle provient de forces invisibles. Mais il existe une science de la chance.

En fait, il a été prouvé, au moyen de véritables études, qu'un être humain peut augmenter sa chance par sa seule volonté. Lorsque vous dites que vous êtes chanceux, votre état vibratoire change, votre magnétisme se modifie et vous devenez comme un aimant à réussite. Vous allez véritablement attirer plus de choses positives dans votre vie parce que la loi d'attraction fonctionne selon la vibration de votre aura.

Lorsqu'on donne un porte-bonheur à quelqu'un, ce n'est pas vraiment l'objet qui attire la chance, mais le fait que la personne croie en son pouvoir. Il suffit d'arriver à faire croire cela à la personne et le porte bonheur devient efficace. Ce sont les vibrations de la personne qui affectent sa destinée.

Lisez le livre *La magie de croire* pour en savoir plus.

C'est pareil dans le sens négatif. Si une personne pense être maudite, elle s'attirera des événements désastreux car c'est ce qu'elle vibre par ses pensées et ses énergies. Faites croire à une personne que vous lui avez jeté un sort et c'est la porte ouverte à tous les problèmes dans sa vie. Faites croire à une personne que vous avez fait de la magie « porte bonheur » pour elle, et celle-ci s'attendra à trouver des choses positives dans sa vie ; ce qui produira effectivement des miracles.

Je vous repose la question : êtes-vous chanceux(se) ? Si vous avez répondu « non » précédemment, vous devriez comprendre maintenant qu'il aurait fallu répondre oui ; peu importe comment votre vie se déroule. Si à partir d'aujourd'hui, vous commencez à dire des phrases comme « j'ai de la chance », « je suis chanceux(se) », « tout s'arrange toujours pour moi », « je suis né sous une bonne étoile », « tout tourne toujours à mon avantage » etc. ; cela va petit à petit, devenir votre réalité.

Êtes-vous chanceux(se) ?
Oui, vous l'êtes, et vous le serez toujours plus à partir de maintenant.

148. Les trois étapes du succès selon Bill Gates

Bill Gates, l'un des hommes les plus riches du monde, a un jour donné une interview dans laquelle il partageait les étapes qu'il avait franchies pour atteindre son succès.

- Être au bon moment, au bon endroit : il était présent lors d'une réunion de présentation des ordinateurs version réduite (pouvant tenir sur un bureau).

- Avoir la profondeur de vision : il a pressenti que ce format pouvait rendre les ordinateurs accessibles à tous sur la planète.

- Agir massivement et immédiatement : d'autres informaticiens étaient présents et avaient également cette profondeur de vision mais lui seul a agi massivement et immédiatement.

Êtes-vous au bon endroit, au bon moment ? Vous l'êtes très souvent, des opportunités pleuvent tous les jours pour vous. Je sais que vous en rencontrez fréquemment car la vie est ainsi faite. Mais la question est : est-ce que vous les voyez vraiment comme des opportunités ?

Pour cela il faut la profondeur de vision. Les opportunités ne semblent parfois pas, à première vue, des opportunités. Et si vous avez une vision étriquée, vous voyez uniquement la situation telle qu'elle est. La profondeur de vision, c'est ne pas voir la chose uniquement comme elle est maintenant mais de visualiser comment elle pourrait devenir. Si Bill Gates n'avait pas imaginé placer un ordinateur dans chaque maison du monde, vous ne seriez certainement pas en train de lire ceci. Les gens disaient que les ordinateurs n'étaient faits que pour les professionnels et que le grand public n'avait pas besoin d'un ordinateur. Ils ne voyaient pas ce que l'informatique pouvait devenir mais uniquement la place qu'elle occupait à l'époque.

Agissez-vous massivement et immédiatement ? Ou bien, attendez-vous que quelqu'un d'autre vous vole l'idée et la concrétise à votre place ? Tâtonnez-vous du bout d'un bâton pour voir si votre idée bouge ? Ou bien agissez-vous massivement de façon à ce que votre idée fonctionne !

Bill Gates a eu une énorme réussite grâce à ces trois étapes. Pourquoi pas vous ?

149. Si cela doit se faire, cela ne tient qu'à moi

Affichez ce concept bien en vue chez vous ! « Si cela doit se faire, cela ne tient qu'à moi. »

Soyez dans cet état d'esprit ; dites-vous que quoi que vous vouliez, vous pouvez l'obtenir, et uniquement par vos propres moyens. N'attendez après personne ; ne comptez sur personne d'autre que vous.

N'espérez pas réussir grâce à votre patron, vos subordonnés, les politiciens, votre conjoint, votre ange gardien ou quoi que ce soit d'extérieur à vous.

Vous avez tout pour réussir. À l'intérieur de vous.

N'accusez pas l'extérieur pour votre échec.

Faites tout ce qui est en votre pouvoir pour concrétiser vos rêves.

Vous pouvez remuer ciel et terre pour atteindre votre but, alors faites-le.

Passez à l'action maintenant. Trouvez par vous-même le moyen de contourner les obstacles et surmontez-les.

Ne blâmez pas la société dans laquelle vous vivez mais adaptez-vous à elle, à votre environnement, ainsi qu'aux lois en vigueur. Vous pouvez réussir quel que soit votre environnement.

Dites-vous à chaque instant :

« Si cela doit se faire, cela ne tient qu'à moi ! »

150. En définitive, ce qui compte vraiment, ce n'est pas ce que vous obtenez

Les gens veulent beaucoup de choses concrètes et matérielles. Ceci est dû au fait qu'il existe une croyance populaire sur le succès. Celle qui consiste à penser que le succès se mesure par ce que vous possédez (maisons, voitures, comptes en banque, entreprises florissantes etc.).

Mais en réalité, réussir sa vie c'est tout simplement être heureux la plupart du temps, point final.

Est-ce vraiment une réussite d'être millionnaire, mais de ne pas pouvoir utiliser cet argent, car vous êtes cloué dans un lit d'hôpital ? Est-ce vraiment une réussite d'avoir plusieurs voitures, plusieurs maisons mais d'en profiter seul ? Est-ce vraiment un succès d'avoir créé une entreprise qui fonctionne correctement mais qu'en contrepartie vous passez de nombreuses heures et ce, sept jours sur sept, à travailler et à ne pas profiter des gens que vous aimez, à ne pas pouvoir partir en vacances pour pouvoir faire tourner votre entreprise ?

Je pense que vous êtes d'accord avec moi, le succès et la réussite, c'est d'abord le bonheur en soi. Ensuite, vous pouvez jouir de tous les plaisirs de la vie avec des choses matérielles comme d'un plus pour vous amuser dans le jeu qu'on appelle vivre sur terre.

Alors, finalement, ce qui compte vraiment, ce n'est pas ce que vous obtenez, c'est la personne que vous êtes.

Au lieu de mettre au premier plan l'**avoir** ou le **faire**, mettez plutôt l'**être**. Qui êtes-vous ? Êtes-vous le type de personne que vous souhaitez être ? Vous sentez-vous bien ? Êtes-vous heureux et épanoui la plupart du temps dans ce que vous faites ?

En fait, ce que vous cherchez à travers les objectifs d'**avoir** ou de **faire** c'est de toute façon un état d'**être**, une sensation, une émotion. Alors, soyez-en conscient et cherchez en priorité à satisfaire votre état intérieur ; peu importent les circonstances extérieures.

151. Dissociez l'argent du temps

Si vous voulez être très à l'aise financièrement et devenir riche, il faut dissocier l'argent du temps. Quand vous travaillez pour un patron et que vous recevez votre paye à la fin du mois, vous échangez votre temps contre de l'argent. En effet, vous travaillez de nombreuses heures et vous êtes rémunéré pour ce temps de travail. Par ce moyen, vous ne deviendrez jamais riche car vous êtes limité par le temps. Vous n'aurez toujours que vingt-quatre heures par jour et ne pourrez donc pas travailler plus de vingt-quatre heures par jour.

Tandis que si vous dissociez le temps de l'argent, vous pourrez vous enrichir. Il existe de multiples moyens de faire de l'argent, indépendamment de votre temps. Très souvent, ces moyens exigent que vous fassiez un travail une seule fois, sans être payé tout de suite. Mais cette tâche vous rémunèrera à l'avenir, bien plus que si vous aviez travaillé chez votre patron.

Voici quelques exemples.

- Posséder des franchises : plusieurs centres tournent sans votre présence. Une fois que vous avez mis cela en place, vous pouvez libérer du temps et l'argent continue de rentrer, jour après jour.

- Faire un investissement immobilier : les rentrées d'argent se font indéfiniment.

- Avoir un business en ligne : internet est un moyen facile de gagner de l'argent à partir de chez soi, tout en se libérant du temps grâce aux moyens d'automatisation existants.

- Les droits d'auteur : l'écriture d'un livre, la mise au point d'un contenu à vendre sous forme de vidéo ou d'audio sont des tâches limitées dans le temps mais qui vous rapportent à vie.

Il existe d'autres moyens encore. Je vous conseille pour en savoir plus, de lire le livre *Père riche père pauvre* de Robert Kiyosaki ainsi que *La semaine de quatre heures* de Timothy Ferriss. Ces deux livres vous apporteront l'état d'esprit à adopter pour dissocier l'argent du temps, ainsi que des exemples concrets d'astuces que vous pouvez mettre en œuvre facilement pour atteindre la vraie liberté financière.

152. Ne faites pas une montagne à partir d'une taupinière

Une taupinière est un petit amoncellement de terre que les taupes font pour aménager leur habitation.

Ce n'est pas une montagne !

Le problème c'est que dans la vie, nous avons souvent tendance à voir des taupinières comme des énormes montagnes. Cela peut être du côté négatif, comme du côté positif.

En négatif, ce sont les petits ennuis que nous dramatisons. Des choses ridicules sur lesquelles nous pouvons rester bloqués durant une éternité ! Parfois nous exagérons des situations parce qu'inconsciemment nous avons besoin de drames dans nos vies « ennuyantes ». Alors, dès qu'il se passe quelque chose, c'est la panique à bord, plus rien ne peut fonctionner, nous nous emballons, alors qu'un rien pourrait nous faire surmonter ce petit obstacle. Ce genre d'attitude nous fait perdre non seulement du temps mais également beaucoup d'énergie.

Du côté positif, c'est lorsque nous surévaluons une bonne situation. C'est quand nous disons « Wouahou, c'est génial, c'est l'opportunité du siècle ! » alors que nous n'avons ni analysé dans le détail ni réellement expérimenté l'événement. Combien de fois nous sentons-nous hyper enthousiastes ; nous sommes surexcités, et plus tard, nous nous rendons compte que ce n'est pas si incroyable que cela. Ceci est frustrant, car nous tombons alors de haut.

Dites-vous que rien n'est jamais aussi mauvais que cela en a l'air et rien n'est jamais aussi bon que cela en a l'air.

Bien sûr, lorsqu'un événement positif arrive, vivez votre émotion positive à fond ! N'hésitez pas à exprimer vos ressentis lorsqu'ils sont bons. Cependant, si l'histoire n'est pas encore finie, ne vendez pas la peau de l'ours avant de l'avoir tué.

Vous avez perdu une bataille ? OK, mais la guerre n'est pas terminée. Ne pleurez pas avant que ce ne soit vraiment fini.

Vous apprenez qu'un oncle caché vient de vous léguer une grosse fortune ? Attendez, n'allez pas fêter ça en dépensant l'argent que vous n'avez pas encore. Êtes-vous sûr que ce soit vrai ? Fêtez cela quand vous verrez l'argent sur votre compte bancaire personnel.

Ne faites pas une montagne à partir d'une taupinière.

153. Vivre dans la limite de vos moyens est un mythe

Il est de coutume de dire qu'il faut vivre dans la limite de ses moyens, c'est-à-dire que si vous gagnez quatre-mille euros par mois, il ne faut pas dépenser plus de quatre-mille euros par mois. Cela peut paraître sensé de prime abord et ça l'est si vous voulez maintenir votre situation financière du moment.

Mais si vous lisez ce livre, c'est peut-être que vous attendez plus de la vie et que vous souhaitez améliorer votre situation financière, entre autres projets. Dans ce cas, j'ai un autre concept à vous proposer.

Vivez en-dessous de vos moyens.

Vivre en-dessous de ses moyens, c'est ne pas tout dépenser. C'est par exemple gagner quatre-mille euros par mois mais n'en dépenser que trois-mille ou trois-mille-cinq-cents. Ceci vous rendra riche car vous commencerez à accumuler de l'argent. Et l'argent attire l'argent.

En ayant un matelas financier (de l'argent de côté), vous dormirez mieux. Vous aurez l'esprit libéré vis-à-vis de l'argent. Une tuile pourrait vous tomber sur la tête, vous n'aurez pas peur. Lorsque vous vous sentez bien vis-à-vis de l'argent, devinez ce qui se passe ? Vous en attirez d'avantage car votre énergie mentale circule mieux.

Par ailleurs, en accumulant de l'argent, vous pouvez développer un capital. Vous pouvez investir cette somme dans un système qui vous fera gagner plus d'argent, indépendamment du temps (comme vu au concept n°151) ; chose que vous ne pouvez pas faire si vous dépensez tout l'argent que vous possédez.

S'il est déjà très difficile pour vous de mettre de l'argent de côté, payez-vous en premier. En d'autres termes, mettez tout de même de l'argent de côté avant de le donner à vos créanciers. Je sais que cela peut paraître difficile, voire impossible, mais je vous assure que c'est possible. Encore une fois, je vous renvoie au livre de Robert Kiyosaki (*Père riche père pauvre*). Lisez-le, et vous comprendrez mieux ce concept qui consiste à vous rémunérer en priorité.

Même si vous ne mettez qu'un euro par mois dans une tirelire. Vous souvenez-vous encore de ce qu'est une tirelire ? Oui, je sais, c'est totalement démodé et c'est une des raisons qui font que la plupart des gens sont limités financièrement. On a quasiment tous oublié la bonne habitude de mettre de l'argent de côté. Je vous assure que de mettre juste un euro de côté par mois sert à quelque chose ! Il se passe un changement énergétique lorsque vous faites cela. Bientôt, vous pourrez mettre dix euros de côté. Puis cent. Puis mille.

Et vous arriverez avec constance à vous créer un matelas financier pour être libre financièrement.

Prenez l'habitude de vivre en-dessous de vos moyens.

154. Développez une personnalité plaisante

Il est vrai que certaines personnes riches sont antipathiques. Mais il est également vrai que la plupart ne le sont pas et ont même plutôt tendance à avoir une personnalité plaisante et agréable !

Dans tous les cas, si vous partez du bas de l'échelle et que vous voulez ascensionner vers le succès, vous aurez beaucoup plus de chance en étant agréable avec tout le monde. En effet, on ouvre beaucoup plus de portes aux personnes qu'on aime fréquenter qu'à celles qui sont amères et qui nous horripilent. Libre à vous, une fois que vous serez arrivé au sommet de dévoiler votre sale caractère... ou pas.

Souriez-vous la plupart du temps ?
Êtes-vous poli ?
Posez-vous des questions au lieu de parler tout le temps de vous ?
Êtes-vous gentil ? Êtes-vous généreux ?
Êtes-vous bien habillé ? Bien coiffé ? Sentez-vous bon ?
Savez-vous comment vous comporter en société ? Lors d'une réunion ?
Lors d'un repas ?
Portez-vous un intérêt sincère envers autrui ?

Toutes ces petites choses réunies font de vous une personne plaisante et agréable à fréquenter. C'est comme plusieurs briques qui, assemblées, construisent une personnalité plaisante. Lorsque vous faites tout cela, les personnes ont envie de vous fréquenter. Elles seront donc davantage disposées à vous proposer des opportunités et à faire des affaires avec vous.

Je vous conseille fortement de lire le livre *Comment se faire des amis* de Dale Carnegie. C'est un excellent livre sur la manière de se comporter et d'agir avec les gens. Ce livre vous apprendra comment mieux communiquer avec les autres, comment se comporter dans le monde des affaires, comment convaincre, comment éviter les conflits etc.

Apprenez vraiment à avoir une personnalité plaisante car c'est une arme redoutable contre toute concurrence.

Ces techniques vous aideront non seulement dans votre carrière, mais également dans vos relations amicales, familiales et amoureuses. Vous pourrez utiliser cela à votre avantage avec tout le monde.

Voyons certaines de ces techniques plus en détails dans les concepts suivants...

155. Posez plus de questions et faites moins d'affirmations

Pour développer une personnalité plaisante, commencez par poser davantage de questions et faites moins d'affirmations. Ceci est simple à faire... mais pas pour tout le monde ! La plupart des gens parlent beaucoup trop. Je le constate tout autour de moi, tout le temps.

Parler trop et multiplier les affirmations :

- Montrent que vous ne vous intéressez pas aux autres

- Montrent que vous êtes centré uniquement sur vous-même

- Fatiguent les gens qui vous écoutent

- Donnent envie aux autres de vous fuir

- Apportent beaucoup d'informations (armes) à vos ennemis qui pourraient être utilisées contre vous

- Ne permettent pas à vos interlocuteurs de s'exprimer et donc de se sentir mieux après votre rencontre.

Poser des questions :

- Montre clairement que vous vous intéressez aux autres et pas qu'à vous

- Dynamise les gens auxquels vous vous adressez

- Suscite l'envie d'être en votre compagnie

- Vous donne beaucoup d'informations (armes) que vous pourriez utiliser contre vos ennemis

- Permet à vos interlocuteurs de s'exprimer et donc de se sentir mieux en fin de rencontre.

Il y a encore énormément d'avantages à poser des questions. La liste est longue. Souvenez-vous simplement de poser des questions tout le temps, partout où vous êtes.

Mais poser des questions n'est que le début ; lisez le concept suivant pour savoir ce que vous devez faire après avoir posé une question.

156. Posez des questions et écoutez la réponse

Après avoir posé une question, écoutez la réponse.

Banal et logique, me direz-vous.

En êtes-vous sûr ?

Lorsque vous posez une question, est-ce que **vous écoutez la réponse** ?

Vraiment ?

N'est-ce pas la chose la plus désagréable dans une conversation lorsqu'on vous pose une question et que vous vous rendez compte que l'interlocuteur n'écoute pas votre réponse parce qu'il s'en fiche ? Il ne vous regarde pas dans les yeux ou son regard vous indique qu'il est en train de penser à autre chose ; ou encore il est occupé à jouer avec son téléphone...

Oui, c'est très désagréable.

Alors, ne le faites pas non plus.

Pensez-y lorsque vous parlez à quelqu'un. Posez la question et écoutez la réponse. Regardez la personne dans les yeux pour lui montrer que vous lui prêtez attention et que vous **attendez sa réponse**.

Quand la personne est en train de vous répondre, ne pensez pas à ce que vous allez dire après. Écoutez la réponse avec un intérêt sincère. La personne appréciera grandement et ceci impactera votre relation d'une manière radicale.

Lisez également le concept suivant qui va dans le même sens.

157. Répondez aux questions que l'on vous pose

Lorsque vous posez une question, aimez-vous quand on fait tout un détour pour vous répondre ? Par exemple, si vous demandez à l'un de vos collègues pourquoi il est en retard et qu'il vous répond :

« En fait, hier je devais emmener mon chien chez le vétérinaire entre midi et deux ; mais je n'ai pas pu parce que j'ai fait brûler mon plat dans le four. Pourtant je ne comprends pas, j'ai bien mis le four à 180 degrés et c'était inscrit dans la recette ! 180 degrés ! Bon, peut-être que je l'ai mis trop longtemps, je ne sais pas trop vu, que je faisais le ménage en même temps, enfin bref, du coup je n'ai pas eu le temps d'aller chez le véto. Donc, j'y suis allé ce matin, avant d'amener mon fils à l'école. Le problème c'est que la clinique vétérinaire est passée aux horaires d'été et je ne le savais pas. J'ai attendu vingt minutes avant de pouvoir déposer le chien. Du coup, j'ai amené mon fils à l'école avec vingt minutes de retard et me voilà ici avec ces fichues vingt minutes de retard ! »

C'est tout-à-fait le type de situations qui nous fait regretter d'avoir posé la question...

Bon, je ne veux pas généraliser, car vous êtes peut-être le genre de personnes qui aiment les détails. Mais la plupart des gens décrochent à partir du plat qui a brûlé la veille au soir et n'écoutent qu'à moitié le reste de l'histoire.

Épargnez donc cela à vos interlocuteurs.

Ils vous posent une question, donnez-leur la réponse, point.

Donnez-là tout-de-suite.

Bien sûr que cette histoire est intéressante et importante pour vous, votre fils et votre chien ; mais dans la vie de votre collègue, dans sa réalité, ce n'est pas aussi intéressant.

Allez droit au but, sinon vous risquez de ne pas être écouté.

Parfois c'est pire, vous pouvez ne pas répondre du tout et vous ne vous en rendez même pas compte.

Par exemple, on vous pose une question :

« Tu as une voiture à essence ou à diesel ? »

Votre réponse :

« Oh, ne me parle pas de cette voiture ! J'ai encore eu des réparations dessus. Une somme colossale ! Dès que j'ai une fin de mois difficile, une tuile me tombe sur la tête avec cette caisse. J'ai dû changer la boite de vitesse. Je ne sais pas comment je vais payer le loyer du coup. J'ai déjà prévenu mon propriétaire, je peux te dire qu'il n'était pas content. Bon heureusement il est arrangeant, une fois il m'a... » STOP !

On ne sait toujours pas si c'est une essence ou une diesel !

Si on vous pose une question, la meilleure chose à faire est de donner la réponse sans y aller par quatre chemins.

158. Un secret peu connu

Maintenant, j'aimerais vous parler d'une technique pour vous aider à réussir et dont très peu de gens parlent. Rares sont les personnes qui connaissent cela et celles qui le savent n'en parlent pas. En effet, pour aborder ce sujet, il faut comprendre l'énergie, la loi d'attraction et le monde de l'invisible. Je veux parler de la reconnaissance. Le fait de reconnaitre le succès de quelqu'un.

Lorsque vous êtes en train de féliciter une personne pour une victoire qu'elle a obtenue ; cela peut être un succès qu'il a remporté, une prouesse qu'il a effectué ou quoi que ce soit d'autre que cette personne ait réussi ; votre aura est en train de dégager une certaine énergie. C'est une énergie de réussite, de victoire. En gros, votre aura dit « j'admire le succès ». Ce que l'univers ou Dieu ou votre inconscient (appelez ça comme vous voulez selon vos croyances) entend, c'est que vous n'admirez pas seulement la réussite de cette personne mais la réussite tout court.

Devinez ce qui est alors généralement attiré dans votre vie ? Davantage de personnes qui ont du succès et davantage de circonstances pour pouvoir admirer le succès, **y compris le vôtre** !

En fait, plus vous pratiquez la reconnaissance et plus vous attirez (avec le temps) le succès pour vous-même.

Regardez les personnes qui ne réussissent pas ; la plupart sont jalouses de la réussite des autres. Mais elles ne sont pas jalouses parce qu'elles ne réussissent pas. En fait, c'est l'inverse, elles ne réussissent pas parce qu'elles sont jalouses. Observez le comportement des personnes qui ont du succès ; elles applaudissent frénétiquement quand quelqu'un d'autre réussit. Elles disent haut et fort, lors d'une interview par exemple, que telle ou telle personne est extraordinaire et que ce qu'elle fait est magnifique. Elles **reconnaissent** la réussite des autres. Nous pourrions voir dans leur aura, grâce à des machines, que la vibration de leurs atomes change de fréquence. Elles se branchent sans le savoir sur la fréquence du succès !

Bien entendu, il faut le faire sincèrement et non uniquement pour vous attirer du succès. Si ce n'est pas sincère, ça ne marchera pas car vous n'aurez pas réellement la vibration adéquate.

Donnez suffisamment de reconnaissance, et bientôt c'est vous qui serez sur scène et qui recevrez de la reconnaissance.

159. Sept fois pour convaincre quelqu'un

Une étude a démontré qu'une personne est convaincue de l'utilité de se procurer un produit quand elle a vu sept fois une publicité vantant ses avantages.

Sept fois, c'est beaucoup. Alors n'abandonnez pas quand vous parlez à quelqu'un d'un article dont vous faites la promotion pour la première fois et que la personne ne se montre pas intéressée. La plupart des perdants agissent ainsi. Ils démarrent une activité, un nouveau business ; ils en parlent autour d'eux mais ne reçoivent aucun intérêt en retour. Ils finissent par abandonner, persuadés que personne n'achètera jamais ce qu'ils ont à vendre.
Ils ne connaissent tout simplement pas cette loi.

Utilisez à votre avantage la force de la répétition espacée. C'est le fait de répéter un message encore et encore pour le graver dans la mémoire des gens.
Pouvez-vous finir cette phrase « On se lève tous pour … » ?
Pour quoi ?
Pour qui ?
Pour Danette bien sûr ! Vous connaissez ce slogan et même la mélodie qui l'accompagne. Mais quand avez-vous entendu cela pour la dernière fois à la télévision ?
Il y a longtemps ?
Alors pourquoi vous en souvenez-vous si bien ?
Parce que les marketeurs de la marque Danette ont appliqué sur vous la répétition espacée. Ils vous ont martelé la tête avec cette publicité, encore et encore. Vous avez certainement entendu cette phrase plus de sept fois. Et je suis prêt à parier que vous avez déjà consommé des produits Danette au moins une fois dans votre vie. La technique a donc très bien fonctionné sur vous.

Si vous voulez convaincre quelqu'un, soyez prêt à lui répéter sept fois la même chose pour qu'il réponde positivement à votre demande.

160. Gérez vos priorités

Pour réussir, il va falloir apprendre à mieux gérer votre temps, votre emploi du temps et plus précisément vos priorités. Soyez focalisé sur vos priorités plutôt que sur le temps.

Voici des techniques très simples mais particulièrement efficaces qui sont utilisées par les plus grands de ce monde.

<u>Premièrement :</u> la base de tout, c'est d'avoir un agenda et de **l'utiliser** ! J'insiste sur l'utiliser, car aujourd'hui tout le monde possède un agenda. Oui, vous aussi, dans votre smartphone...

<u>Deuxièmement :</u> il existe une arme redoutable pour avancer dans toutes vos tâches ; il s'agit de la « To Do List ». C'est-à-dire une liste de choses à faire. Vous devez l'écrire et non pas l'avoir en tête. Ceci est très important, car l'avoir uniquement en tête freine votre progression. Écrivez toutes les choses que vous voulez faire et barrez-les au fur et à mesure que vous les accomplissez. C'est une technique très puissante.

Ensuite, le must, c'est la catégorisation de vos tâches. Répartissez-les en quatre catégories différentes :

- Important et urgent : il s'agit de tout ce qui est important **pour vous et** que vous devez faire dans les jours qui viennent. Par exemple, vous inscrire dans un cours de théâtre alors que nous sommes en septembre. C'est **important pour vous**, car cela vous fait du bien et c'est **urgent** car l'année démarre en septembre ; le mois prochain vous serez en retard.

- Important mais pas urgent : ce sont des choses importantes pour vous mais qui peuvent attendre un peu. Exemple : déménager à la campagne pour être plus tranquille.

- Pas important mais urgent : on trouve ici ce que vous devez faire urgemment mais qui n'est pas important pour vous comme traiter certaines paperasses et documents administratifs.

- Pas important et pas urgent : ce sont les choses qui peuvent vraiment attendre et que vous ferez le jour où vous aurez du temps de libre. Exemple : revendre les objets qui ne vous servent plus et qui traînent dans votre cave.

Tout ceci est bien évidemment relatif. Ces exemples peuvent être importants ou pas pour moi alors que, pour vous, c'est tout le contraire. Vous trouverez une aide précieuse pour apprendre à catégoriser vos tâches dans l'ouvrage *Priorité aux priorités* de Stephen R. Covey. C'est un excellent best-seller.

161. Comment prédire le futur

Tout le monde rêve de connaitre son futur. Je vais vous donner une astuce toute « simple » pour y parvenir. Car oui, vous pouvez prédire votre futur.
Vous voulez savoir comment faire ?
En créant le futur que vous voulez...

Vos pensées d'aujourd'hui déterminent votre futur. Elles façonnent réellement votre chemin de vie. Alors, à quoi pensez-vous le plus souvent aujourd'hui ? Est-ce bien le genre de choses que vous désirez pour votre avenir ou bien pensez-vous à des choses négatives qui risqueraient de vous attirer encore plus d'ennuis à cause de la loi d'attraction ?

Vos actions d'aujourd'hui déterminent également votre futur, c'est un fait. Alors, êtes-vous en train de faire les bonnes actions pour créer l'avenir que vous souhaitez ? Avez-vous passé plus de temps aujourd'hui sur vos projets de vie ou bien sur Netflix ?

Vous pouvez créer l'avenir que vous voulez. Vous le savez maintenant, à ce stade de la lecture. Les toutes dernières découvertes en développement personnel, en neuroscience et en physique quantique le prouvent. Mais êtes-vous réellement en train de mettre en place les pensées et les actions qui vous mèneront à la vie que vous voulez ?

C'est ainsi que vous pouvez prédire l'avenir, mes chers lecteurs, en créant l'avenir que vous voulez.
Avec cette connaissance, vous pouvez également prédire l'avenir des autres. Observez comment pensent et agissent les gens autour de vous et essayez d'en prédire l'issue. Regardez si leur avenir se dirige réellement vers ce que vous avez prédit. Cela peut vous faire peur de constater que vous aviez raison mais cela vous révèle également votre capacité de pleine conscience.

162. La première chose à faire lorsque vous êtes fauché selon Aristote Onassis

Aristote Onassis, célèbre armateur et homme très influant du vingtième siècle, a merveilleusement réussi financièrement dans le domaine maritime. Il disait que la première chose qu'il ferait, s'il faisait face à un échec et qu'il se trouvait fauché, serait de fréquenter des gens fortunés.

Il savait probablement que votre revenu est le revenu moyen de celui de vos cinq meilleurs amis.

Les personnes autour de vous ont une influence directe et indirecte sur vous ; directe dans le sens où elles peuvent vous suggérer comment penser et quoi faire, et indirecte énergétiquement parlant. Leur énergie a un impact sur votre propre énergie. Vous savez que votre énergie influence votre façon de penser et donc de prendre des décisions ; ce qui a un impact majeur sur vos finances.

Vos parents avaient donc raison lorsqu'ils vous conseillaient de ne pas fréquenter les faiseurs de trouble de votre école.

Si vous fréquentez **sur une base régulière** des gens qui gagnent plus d'argent que vous, vous allez tôt ou tard gagner au moins approximativement le même montant qu'eux. Retenez bien que votre revenu est la moyenne de celui de vos cinq meilleurs amis.

Par conséquent, si Aristote Onassis prévoyait de fréquenter des personnes riches, s'il était fauché, pourquoi n'en feriez-vous pas autant, tout de suite, si vous désirez augmenter votre revenu annuel ?

163. Thomas Edison et ses 10 000 tentatives

Thomas Edison, l'inventeur de l'ampoule électrique, échoua dix-mille fois. Le saviez-vous ?

On estima qu'il avait tenté dix-mille combinaisons différentes avant de trouver la bonne pour faire briller une lampe à incandescence. Parfois l'ampoule ne s'allumait pas, parfois elle brillait trop fort, parfois pas assez et, d'autres fois encore, elle explosait.

Il a dû faire des milliers de réglages pour faire fonctionner l'ampoule suffisamment longtemps. Nous pouvons donc, à première vue, dire qu'il a échoué dix-mille fois avant d'y arriver...

Mais Thomas Edison ne pensait pas comme la plupart des gens. C'était un génie, l'un des plus grands inventeurs, probablement l'homme qui déposa le plus de brevets au vingtième siècle. Quand un journaliste lui demanda ce qui l'avait fait tenir si longtemps et persévérer malgré ses dix-mille échecs, Thomas Edison répondit : « Je n'ai pas échoué, j'ai trouvé avec succès dix-mille méthodes pour faire que ça ne marche pas. »

Voyez-vous, il ne considérait pas cela comme des échecs mais comme des pas de plus vers la réussite. Il savait qu'en trouvant une nouvelle manière de faire qui ne marche pas, il s'approchait de la réussite. Peut-être même qu'il était heureux à chaque fois qu'il trouvait une recette qui ne fonctionnait pas, car il savait alors qu'il devait procéder autrement. Qui peut penser ainsi de nos jours après un échec ? Très peu de monde... Et qui d'autre peut penser cela après dix-mille échecs ? Personne, car tout le monde abandonne bien avant les dix-mille tentatives...

Grâce à la persévérance, Thomas Edison a créé cette chose très utile dont vous vous servez certainement quotidiennement.

L'échec est juste un point de vue. Nous échouons uniquement si nous considérons la situation comme un échec ou si nous nous laissons influencer par quelqu'un d'autre qui considère cela comme un échec, de son point de vue.

Et vous ? Avez-vous subi des échecs ou bien avez-vous découvert avec succès des façons de faire qui ne marchent pas ?

164. La répétition espacée

Je vous ai déjà expliqué ce qu'est la technique de la répétition espacée au concept n°159 et comment l'utiliser si vous êtes dans le domaine de la vente ou du marketing.

Maintenant, voici comment vous en servir à votre avantage d'une manière générale pour réussir dans n'importe quel domaine. Utilisez-la grâce aux concepts de ce livre.

Lire cet ouvrage une seule fois ne suffit pas. Cela n'est pas suffisant pour intégrer cela en vous et obtenir, véritablement dans votre vie, toute l'efficacité de ces concepts. Car oui, pour que ces concepts marchent dans votre vie et qu'ils vous apportent le succès souhaité, il faut qu'ils soient intégrés en vous.

D'ici à ce que vous arriviez au deux-centième concept, vous aurez certainement oublié le premier, ou le cinquième ou encore le vingt-deuxième. Il faut donc évidemment relire plusieurs fois ce livre, vous ne pouvez pas TROP le lire.

Relisez-le de différentes manières. Par exemple, la première fois d'une traite. La fois d'après, lisez uniquement un concept par jour. Puis vous pourriez le relire en focalisant juste sur un concept par semaine mais en y pensant tous les jours et en essayant de le pratiquer durant cette semaine-là.

Ensuite, une autre manière d'utiliser la répétition espacée avec ces concepts, c'est de les écrire à la main. Vous pouvez les lister sur une feuille et y ajouter quelques notes personnelles. Reformulez-le, avec vos propres mots, mais gardez le titre du concept tel quel. Ceci est une technique très puissante pour intégrer cet enseignement.

Je pourrais, si la demande s'en fait sentir de la part de plusieurs lecteurs, en faire une version audio afin que vous puissiez écouter ces concepts en plus de les lire. C'est une façon différente de les faire entrer en vous, en utilisant une zone différente de votre cerveau.

Chacun de ces concepts est expliqué succinctement en vidéo sur ma chaîne YouTube. Allez voir les 200 courtes vidéos.

Je propose également des séances de coaching par webcam pour approfondir ces concepts et vous aider à mettre en pratique tout cela dans votre vie personnelle.

Vous n'êtes probablement pas né dans une famille riche de l'élite ; tous ces concepts ne sont donc pas ancrés en vous.

Il faut du travail pour les intégrer dans votre conscience. La seule et unique façon de les intégrer, c'est d'utiliser la répétition espacée. Travaillez ces concepts encore et encore et encore.

165. Suivez toujours votre ressenti interne, pas la tête

Dans la vie, vous avez de nombreux choix à faire ; je pense que vous l'avez remarqué depuis votre plus jeune âge. Mais ce n'est pas toujours facile à faire. Souvent, nous sommes tiraillés vers diverses directions. Alors comment faire le bon choix ?

Vous avez deux types de pensées : celles qui viennent directement de votre tête, c'est-à-dire du cerveau et donc du mental, et les « pensées » qui ne sont pas vraiment des pensées mais plutôt des ressentis. Ces dernières proviennent de votre deuxième cerveau, l'estomac. Oui, il est prouvé que dans notre estomac, il y a autant de cellules nerveuses que dans le cerveau d'un chien. Vous avez donc un petit cerveau au niveau du plexus solaire qui envoie des pensées qu'on pourrait qualifier d'intuitions.

Celles-ci sont plus discrètes et donc plus difficiles à percevoir mais, avec de l'entrainement, vous saurez faire la différence. Commencez donc à y prêter attention dès aujourd'hui afin de vous entraîner.

Les pensées qui proviennent de votre cerveau sont créées par le système de la raison. C'est la logique qui entre en jeu. Parfois, il est bon de se fier au procédé logique pour prendre une décision. Mais quand votre raisonnement est bon et vous dit de prendre une direction et qu'en même temps votre ressenti intérieur provenant de votre estomac vous dit de prendre une autre direction, il est souvent préférable de suivre la direction de votre intuition.

Pourquoi ?

Ce serait un petit peu long à expliquer ici mais, en résumé, ce genre de ressenti passe par votre cœur ; ce qui n'est pas le cas des pensées provenant uniquement de la logique du mental.

Référez-vous à mon livre 12 concepts pour mieux vivre votre spiritualité pour en savoir plus.

166. L'entraîneur de puces

Une histoire raconte que si vous voulez dompter des puces, les dresser pour qu'elles ne sautent plus, il existe une astuce.

Vous les enfermez dans un bocal avec un couvercle.

Elles vont alors sauter, sauter et encore sauter pour essayer de s'échapper. Jusqu'au jour où elles vont se rendre compte qu'elles ne peuvent pas s'enfuir et que ça ne sert à rien de sauter car elles s'épuisent pour rien.

À ce moment-là, vous les avez dressées. Elles ne sauteront plus jamais.

Vous pouvez alors retirer le couvercle, elles resteront toute leur vie dans le bocal.

Cette histoire est la même pour nous autres humains. Vous avez sauté dans le passé (tenter des choses pour sortir du lot) et vous vous êtes heurtés à des couvercles (les échecs, les refus, etc.). Alors, vous avez décidé d'arrêter de sauter (abandonner l'idée de vivre vos rêves).

Mais la réalité est qu'il n'y a pas de couvercle au-dessus de votre tête. Les seuls couvercles qui existent sont les barrières mentales que vous avez dans votre esprit ; les croyances limitantes qui vous font croire que vous ne pouvez pas accomplir tout ce que vous désirez.

Rien ni personne ne vous empêche de vivre vos rêves. Les circonstances extérieures sont parfois des freins, je suis d'accord, mais pas des obstacles insurmontables. Avec la persévérance, vous pouvez tout faire. Sauf bien entendu si vous voulez vendre du sable en plein désert ou que vous êtes vendeur de climatisation au Groenland.

Vous pouvez être, faire et avoir tout ce que vous voulez sur cette terre.

167. La P.E.U.R.

Dites-vous que la peur est un acronyme.

P pour **P**reuve
E pour **E**rronée
U pour **U**tilisée
R pour **R**éelle

La peur serait donc une preuve erronée utilisée comme réelle.

En effet, si nous mettons ce concept à l'épreuve, lorsque vous avez peur, posez-vous cette question : « Qu'est-ce qui ne va pas, maintenant, tout de suite, dans l'instant présent ? »
Vous verrez que dans 99% des cas, votre peur ne vous sert à rien dans le moment présent. Le 1% restant, c'est-à-dire les moments où vous avez vraiment raison d'avoir peur, représente des situations comme celles-ci : vous êtes en train de traverser la route et un camion arrive de nulle part et fonce sur vous ; ou bien vous vous faites agresser par quelqu'un. Là, la peur est objective à l'instant T et même essentielle car elle vous permet de fuir pour sauver votre vie.

La prochaine fois que vous aurez peur, demandez-vous : « Qu'est-ce qui ne va pas maintenant, tout de suite, dans l'instant présent ? » Et constatez qu'en fait, c'est une preuve erronée utilisée comme réelle.

168. Faites des graphiques

Le graphique est une technique puissante utilisée par beaucoup de chefs d'entreprise.

Vous pouvez l'adopter si vous avez un business quelconque mais vous pouvez également vous en servir pour atteindre les objectifs que vous vous êtes fixés.

Le fait de créer un graphique, et surtout de **le regarder tous les jours**, vous fait penser à votre objectif et le fait d'y penser vous fait agir chaque jour. Il se passe quelque chose de magique, car le seul fait d'imaginer la courbe monter peut faire augmenter les chiffres réellement.

Si vous voulez augmenter votre revenu, vous pouvez tracer des colonnes représentant chaque mois de l'année. Et vous y inscrivez le montant d'argent qui rentre mensuellement. Idéalement la courbe doit monter de plus en plus.

Une technique intéressante pour votre mental est de faire un tableau cumulatif car ainsi la courbe ne descend jamais ; elle ne peut que monter. Au pire, elle stagne.

Au niveau de la ligne du temps, un graphique journalier est probablement trop court, à moins que vous vouliez observer les actions que vous faites chaque jour. S'il s'agit d'un graphique sur l'argent, le regarder tous les jours est trop fréquent car il faut plutôt viser le long terme. Les grandes entreprises regardent leurs statistiques sur des dizaines d'années, voire plus...

Une ligne de temps hebdomadaire peut être intéressante pour vous motiver. Le tracé mensuel est carrément obligatoire si vous voulez mesurer quoi que ce soit. Les lignes trimestrielle et annuelle sont également très intéressantes à suivre, pour agrandir votre vision. Voir à long terme vous enlève un peu de stress.

Si vous créez un graphique, il faut que vous ayez envie de voir la courbe monter ; c'est-à-dire que le résultat que vous souhaitez atteindre se trouve en-haut de la page. Par exemple, si vous voulez diminuer vos dépenses, faites en sorte de mesurer ce que vous ne dépensez pas. Ainsi, moins vous dépensez plus la courbe monte. Pour diverses raisons, il faut que votre graphique aille dans le sens de la montée pour atteindre votre objectif.

169. Faites-le rapidement

Souvent, lorsque vous devez faire une ou des actions en vue d'atteindre un objectif que vous vous êtes fixé, il est préférable d'agir rapidement.

La première raison et la plus importante, c'est que, si vous attendez trop longtemps pour finir cette tâche, la peur et le doute s'installent. Ou alors, vous perdez l'énergie et la motivation du début. Ou encore, on vous vole l'idée et quelqu'un de plus rapide réalise votre projet avant vous.

Quand vous avez pris une décision, qu'elle est bien réfléchie, foncez tête baissée ! Si vous avez mûrement réfléchi et que vous êtes certain de vouloir faire ceci ou cela, pourquoi attendre ?

Faites-le tout de suite. Soyez toujours dans l'état d'esprit de **« le faire tout de suite »**.

Les personnes qui ne réussissent pas disent, lorsqu'elles participent à une réunion : « Nous devrions appeler cette entreprise pour leur poser la question. »

Les personnes qui réussissent, dans la même situation, appellent cette entreprise tout de suite et obtiennent l'information immédiatement.

Un exemple personnel que je peux vous donner, c'est tout simplement celui qui concerne l'écriture de ce livre. Lorsque l'idée m'est venue, j'y ai pensé durant une semaine ou deux. A partir du moment où j'ai pris la décision d'écrire, je suis entré en mode **« le faire tout de suite »**. Je me suis alors fixé l'objectif de l'écrire rapidement (du moins le premier jet) afin de ne pas perdre la motivation. Un délai de trois mois était pour moi le maximum pour écrire les 200 concepts. J'ai alors calculé que je devais écrire quatre concepts par jour, du lundi au vendredi, pour finir en moins de trois mois. J'ai calculé large, pour compenser les jours où j'aurais un empêchement.

C'est donc la première chose que j'ai faite chaque matin. Écrire quatre concepts, et les écrire vite. Je devais impérativement finir avant midi.

N'hésitez pas une éternité. Combien de personnes me parlent d'un projet qu'ils ont depuis dix ans ? Beaucoup trop. La vie passe terriblement vite mes chers lecteurs.

J'ai eu la chance, lorsque j'étais jeune, de côtoyer beaucoup de personnes de quarante ans et plus ; des collègues rencontrés lors de mon apprentissage de peintre en bâtiment. Ils étaient tous d'accord sur la même chose : leur vie avait défilé et ils avaient beaucoup de regrets. Cela m'a marqué et j'ai alors pris la décision de ne pas avoir de regret lorsque je serai sur mon lit de mort. Il ne me restait plus qu'à faire ce que je voulais vraiment faire, le plus vite possible.

Vous avez un projet en tête depuis des années ? Qu'attendez-vous ? Posez ce livre et allez mettre en place des actions pour l'atteindre ! **Faites-le rapidement**.

170. Redéfinissez régulièrement vos rêves

Je vous ai dit à quel point il est essentiel de définir clairement vos rêves et de lister à l'écrit, manuellement, tout ce que vous voulez.
Mais ceci doit être répété régulièrement.
En effet, vous changez quotidiennement. Vous vivez des expériences différentes chaque jour, chaque semaine, chaque mois et chaque année, durant toute votre vie. Ces nouvelles expériences font que vous changez votre vision du monde, de la vie et de vous-même. Votre façon de penser évoluant, vous désirez autre chose que par le passé car vous devenez une personne différente. Et vous ne voulez plus certaines choses que vous désiriez lorsque vous avez dressé votre première liste.

Voilà pourquoi vous devez régulièrement repréciser ce que vous voulez obtenir. Vous pourriez très bien suivre un rêve durant dix ans sans même vous être rendu compte que ce n'est plus ce que vous voulez. Tout simplement par habitude, parce qu'un jour vous avez déclaré que ceci était le but de votre vie alors que ce n'est plus du tout le cas aujourd'hui.
Vous avez dans ce cas perdu dix ans de votre vie. C'est énorme, et cela arrive à beaucoup de personnes qui suivent d'anciennes croyances personnelles. Cela m'est également arrivé.

Dans un monde parfait (mais je sais que nous ne vivons pas dans un monde parfait), nous réécririons cette liste toutes les semaines. Si vous le pouvez, allez-y ! Vous serez surpris du résultat. Refaire cette liste manuscrite chaque mois est un minimum.

Regardez le plus souvent possible ce que vous voulez vraiment. Lorsque j'avais entre vingt et trente ans, je croyais que je n'allais jamais réussir car je changeais tout le temps d'objectif. Jusqu'à ce qu'on m'enseigne ce concept. C'est à ce moment-là que j'ai pris conscience qu'en fait, j'étais tout simplement en train de clarifier et d'affiner sans cesse ce que je voulais. Effectivement, vous n'avez pas un objectif ; vous avez un objectif **à ce moment de votre vie**.
Si l'année prochaine vous ressentez le besoin de changer de but, ce n'est rien. D'où l'importance, comme je vous l'ai dit, de prendre plaisir au processus : le succès est un voyage et non une destination. Avancer vers un objectif est une réussite, point. Des milliards d'êtres humains ne font pas cela. Ils n'ont aucun objectif dans la vie ; ce qui fait qu'ils ne réussissent rien.

171. Cinq minutes pour l'apprendre mais toute une vie pour le maîtriser

Je joue de temps en temps au poker. C'est un jeu que j'apprécie depuis 2007. Dans ce milieu, un vieux dicton dit qu'il suffit de cinq minutes pour apprendre à jouer au poker, mais toute une vie pour le maîtriser.

Alors, sachez qu'il en est de même pour ces deux-cents concepts. Il est facile de les apprendre et il ne vous faut pas plus de cinq minutes pour lire une page de ce livre.

Mais combien de temps vous faudra-t-il pour les connaître réellement au point de les appliquer dans votre vie de tous les jours ?

Pour avoir des résultats concrets grâce à ces concepts, vous devrez les appliquer. Pour les appliquer, vous devrez vous en souvenir et pour vous en souvenir, leur consacrer cinq minutes ne suffira pas.

Désolé si je déçois quelques-uns d'entre vous qui croyaient lire ce livre une seule fois et devenir riches la semaine suivante. Ces concepts marchent, tout simplement parce qu'ils ne viennent pas de moi mais de personnes qui ont réussi à grande échelle. Mais **ils marchent si vous les faites marcher** !

Ne me contactez pas pour me dire que ces concepts ne marchent pas si vous n'écoutez pas les bonnes personnes, si vous n'êtes pas enseignable, si vous êtes trop focalisé sur le « comment », si vous n'avez pas un cahier de rêves et un tableau de rêves à jour, si vous ne dressez pas votre liste d'objectifs régulièrement, si vous ne focalisez pas ; bref, si vous n'appliquez pas concrètement ces concepts dans votre quotidien.

En revanche, si vous appliquez les 200 concepts, vous pourrez m'envoyer un e-mail à partir de votre PC portable sur votre yacht privé, dans une mer des caraïbes pour me remercier d'avoir rassemblé des outils qui ont changé votre vie. J'en serai ravi !

Cela prendra du temps, car la réussite prend du temps. Il vous faudra réellement toute votre vie pour maîtriser ces concepts et les ajuster. Vous pouvez les approfondir autant que vous le voulez, jusqu'à l'obtention de la vie que vous voulez.

Cinq minutes pour l'apprendre, toute une vie pour le maîtriser.

172. Traversez le pont lorsque vous y serez

Les gens qui ne réussissent pas sont souvent des gens qui vivent dans le scénario du « et si ».

Et si ça ne se passe pas comme prévu ? Et si j'échoue ? Et si un tel y arrive mieux que moi ? Et si notre proposition était refusée par l'autre entreprise, par la banque, par ... ; et si cela arrivait ? etc. etc.

Les gens qui pensent trop aux scénarios négatifs n'arrivent jamais à décoller du point où ils se trouvent car ils sont tétanisés par la peur.

Arrêtez de penser sans cesse à tous les scénarios possibles et imaginables. Vous ne pouvez pas tout prévoir. Même si vous faites une liste de mille possibilités pour que votre plan échoue, il peut toujours arriver quelque chose que vous n'aviez pas prévu.

Lorsque vous voyez un pont au loin et que vous ne savez pas comment le traverser, ne vous arrêtez pas pour réfléchir. Continuez jusqu'à ce que vous soyez juste devant le pont et vous le traverserez, à ce moment-là. Ou bien vous réfléchirez, à ce moment-là seulement.

Il en est de même pour les problèmes, les obstacles, les soucis... La plupart du temps, ils n'existent pas dans le moment présent. Alors pourquoi se prendre la tête à un moment où, de toute façon, vous ne pouvez pas agir dessus ? Vous perdez votre temps. Réglez les choses quand ce sera le moment de les régler. Ne soyez pas bloqué sur des choses qui pourraient vous arrêter plus tard. Tant que vous pouvez avancer vers votre but, avancez, il peut se passer tellement de changements d'ici là.

173. Voyagez

Vous avez bien lu, voyager est un principe de réussite. Connaissez-vous une personne riche qui soit toujours restée enfermée chez elle ou qui n'ait jamais voyagé ? Personnellement, je n'en connais aucune. Les personnes qui ont réussi quittent toutes leur pays et même leur continent, régulièrement.

Essayez de voyager le plus souvent possible surtout à l'échelle internationale. Je sais que cela à un coût, mais faites des efforts financiers durant quelques mois pour mettre de l'argent de côté et servez-vous-en pour voyager.

Il y a énormément d'avantages à cela.

Premièrement : vous découvrez d'autres cultures et rencontrez des gens qui vivent d'une façon totalement différente de la vôtre. Cela peut vous donner des idées et des envies de changements.

Deuxièmement : vous voyez la vie sous un plus grand angle car cela vous permet de ne pas rester focalisé sur votre propre existence. Certains de vos problèmes vous paraitront insignifiants, une fois que vous aurez visité certains pays.

Troisièmement : en entendant d'autres langues et en essayant de les parler, vous créez des nouveaux circuits neuronaux. Cela a de nombreux avantages sur le plan cérébral, notamment celui d'améliorer vos capacités cognitives.

Quatrièmement : vous changez énergétiquement. Les vibrations, l'air que vous respirez, l'eau que vous buvez et les aliments que vous ingérez, la pression atmosphérique (surtout dans l'avion), l'exposition au soleil etc. ; tous ces paramètres géologiques ont un impact sur votre corps et donc sur vos énergies.
Par conséquent, cela affecte votre façon de penser et d'agir.
Peu de gens savent cela.
Avez-vous remarqué que, lorsque vous allez chercher une personne qui revient de loin à l'aéroport, son énergie est différente ?
Il y a presque une gêne entre vous au début, comme si cette personne vous était inconnue, comme si c'était une nouvelle personne.
Eh bien c'est vrai, c'est une nouvelle personne, énergétiquement parlant.
Nous pourrions mesurer la vibration de son corps avant le départ et à son retour au pays, nous constaterions qu'elle a changé.

Utilisez les atouts du voyage pour devenir une nouvelle personne axée sur la découverte, le changement et la réussite.

174. Comment éliminer l'obscurité

Savez-vous comment faire pour éliminer l'obscurité d'une pièce ? Oui, bien sûr vous le savez, en allumant la lumière. Vous ne pouvez pas saisir l'obscurité et la sortir de la pièce. Il faut y répandre la lumière et l'obscurité disparaîtra d'elle-même.

C'est la même chose dans votre vie et plus particulièrement dans vos pensées. Pour éliminer « l'obscurité » en vous, les pensées négatives et les attitudes néfastes, il faut allumer la lumière. C'est-à-dire, avoir davantage de pensées positives, d'attitudes de gagnant et mettre en place des habitudes saines qui vous mèneront à la réussite.
C'est tout.

Il ne faut pas se battre contre le côté obscur, il faut simplement être dans la lumière. En vous « battant » contre le négatif, vous êtes en train d'y penser et vous lui ajoutez de l'énergie. Souvenez-vous du concept d'Earl Nightingale, le n°91 : « Vous devenez ou vous obtenez ce à quoi vous pensez le plus souvent. » Par conséquent, si vous pensez le plus souvent au négatif et à vous en défaire, vous allez obtenir davantage de négatif.
Tandis que si vous ne focalisez que sur le fait d'ajouter dans votre vie la lumière et le positif, c'est ce qui va se produire et l'obscurité disparaîtra d'elle-même.

Pensez à cette métaphore régulièrement. Si vous voulez éliminer l'obscurité dans une pièce, il faut simplement allumer la lumière. Donc dans votre vie, vous ne pouvez pas supprimer le négatif ; vous devez focaliser sur le positif pour en faire entrer dans votre vie et vous oublierez le négatif. Il partira naturellement.

175. La folie selon un vieux proverbe chinois

Selon un vieux proverbe chinois, la folie est définie de cette façon :
« Continuer de faire toujours les mêmes choses et s'attendre à un résultat
différent. »

Prenez une recette de cuisine. Faites-la précisément de cette manière,
toujours avec les mêmes ingrédients, dans la même proportion. Refaites-la jour
après jour, toujours de cette façon. Pensez-vous qu'un jour, ce plat aura un
goût différent ?

Non, le goût ne changera jamais si vous appliquez la recette toujours de la
même manière.

C'est pareil pour la construction de votre vie. C'est une recette. Pensez-vous
que votre vie va changer du jour au lendemain si vous faites toujours la même
chose ?

Attendez-vous un miracle ?

Vous risquez d'attendre jusqu'à la fin de vos jours.

Oui, des miracles arrivent parfois de nulle part, mais c'est très rare.

Plutôt que de croire que vous êtes un privilégié sur cette terre et que vous
avez quelque chose de spécial qui fasse qu'un jour un vieux sage va venir
frapper à votre porte pour vous dire « tu es l'élu, prends cette épée elfique et
suis-moi, une autre vie t'attend » (avouez que ce serait cool), je vous propose
de créer votre propre miracle.

Comment ?

En faisant bouger les choses concrètement. En entrant dans l'action. **Faites
du changement !**

Si vous voulez voir les choses changer dans votre vie, il va falloir faire du
changement dans votre vie.

Ne vous attendez pas à voir un résultat différent si vous êtes tout le temps
en train de faire les mêmes choses, de parler des mêmes sujets, de fréquenter
toujours les mêmes personnes, de faire encore et toujours vos mêmes routines
pendant des années.

Si vous appréciez tout de votre vie, alors très bien, ne changez rien. Mais si
quelque chose vous déplait, c'est que **vous** devez effectuer un changement.

176. Soyez conscient de vos points forts et des points à améliorer

Pour mieux réussir, vous devez être conscient de ce que vous êtes. Vous devez connaître vos points forts ainsi que les points que vous devez améliorer.

Faites-en une liste manuscrite.
Faites-le maintenant.
Il faut le faire à l'écrit pour toujours l'avoir à l'esprit. Le fait de l'écrire en augmente la conscience et le fait de le lire également. Vous verrez que vous serez différent après avoir listé vos points forts et ceux qui sont à améliorer. Les noter est plus puissant que juste y penser.

Vous remarquerez que j'ai bien dit « points à améliorer » et non pas points faibles, comme il est coutume de dire. Il n'y a aucun point faible en vous, il y a des points à améliorer. Tout en vous est améliorable et perfectible. Si vous développez cette façon de penser, vous ne vous dévaloriserez plus. Vous vous sentirez ainsi plus fort et aurez plus de puissance mentale pour améliorer ce qui doit l'être.

En ayant pleinement conscience de vos points forts, vous pourrez vous en servir davantage. En effet, si vous y pensez plus, vous les utiliserez plus. Parfois nous avons des talents incroyables, nous les connaissons et, pourtant, nous ne les utilisons pas. Le fait de les écrire, et d'y penser chaque jour, nous donne la possibilité de les mettre en action.

Faites une liste manuscrite, tout-de-suite, avec deux colonnes : vos points forts et vos points à améliorer.

177. Les super riches croient que leur réussite provient de la génétique

Les gens extrêmement riches (du moins dans le passé, notamment les familles royales), croyaient que leur réussite était génétique. Ils pensaient que leur ADN était à l'origine de leur chance et que, par conséquent, les gens qui venaient au monde dans une famille pauvre ne pouvaient pas devenir riches.

D'ailleurs, c'est l'une des raisons pour laquelle les mariages ne pouvaient se faire qu'entre personnes de familles riches. Il n'était pas du tout envisageable pour un prince de tomber amoureux d'une servante et de l'épouser. Parfois, des mariages consanguins étaient célébrés afin d'éviter la naissance de descendants dont l'ADN n'aurait pas été le bon.

Bien sûr, nous savons aujourd'hui qu'une personne venant d'une famille pauvre peut tout-à-fait atteindre le succès et devenir riche. On a pu le constater de nombreuses fois. Mais, la vérité, c'est qu'il y a un mais...

Les personnes riches (dont Henry Ford) qui partageaient ce point de vue n'avaient pas complétement tort. J'ai précisé, au cours de ce livre, que la réussite dépend de votre façon de penser, de votre façon d'agir, de ce que vous faites et avec qui vous le faites. Je vous ai également expliqué qu'il y a un aspect énergétique à tout cela et que tous ces ingrédients réunis affectent votre énergie.

L'énergie externe, appelée aura, est visible scientifiquement à l'aide d'une machine (photo Kirlian). L'énergie interne (dont la vibration de votre ADN) circule en vous.

Ceci n'est pas de la magie, une chose mystique. Ce sont des faits scientifiques ; nous pouvons même affirmer que c'est biologique. Dans le passé, cela paraissait complètement insensé. C'est pour cela que les rois étaient parfois considérés comme des descendants directs de Dieu. Mais aujourd'hui, grâce à la science moderne, nous pouvons voir que c'est juste une question de fréquence vibratoire. Si vous comparez l'ADN d'une personne qui a grandi dans un bidonville à celui d'un fils de milliardaire, vous verrez qu'au niveau quantique, la vibration de base n'est pas la même.

Mais rassurez-vous, car voici qu'arrive la bonne nouvelle, **Vous pouvez changer votre vibration d'ADN**. Comment ? Vous êtes en train de le faire rien qu'en lisant ce livre. En répétant encore et encore tous les conseils donnés par ceux qui ont réussi et qui y sont cités, votre vibration d'ADN va être affectée. Cela prend du temps. C'est pour cela que parfois, vos vieux « démons » refont surface, tout simplement parce que vous n'avez pas modifié votre fréquence énergétique en profondeur. Relisez et pratiquez tous ces 200 concepts encore et encore et votre ADN se modifiera...

178. Assumez la responsabilité pour tout ce qui arrive dans votre vie

Tout ce qui arrive dans votre vie, vous l'avez créé. Chaque situation présente est due à l'une de vos actions ou pensées passées. Je sais que c'est difficile à admettre, mais c'est vrai. Plus vite vous accepterez cela et plus vite vous prendrez les commandes de votre vie et provoquerez de meilleures choses dans votre vie.

Il est facile de dire, à propos de toutes les choses positives qui vous arrivent, que c'est grâce à vous. En revanche il est beaucoup moins facile d'admettre que lorsqu'un événement négatif surgit, c'est également vous qui l'avez provoqué. Nous avons tout de suite tendance à accuser les autres ou une chose extérieure à nous.

Et si quelqu'un vous fait du mal alors que vous n'avez rien demandé ; si vous vous faites agresser dans la rue ?

Eh bien oui, vous l'avez attiré par votre vibration et votre énergie ; ceci est un mécanisme entièrement inconscient.

Si vous vous faites agresser, c'est qu'auparavant, vous avez émis une vibration de victime, de peur ou de violence par le biais de vos pensées. L'agresseur a été attiré par cette énergie qui circule dans votre aura.

Un combattant, c'est-à-dire une personne qui pratique un sport de combat, se fait rarement agresser dans la rue. Pourquoi donc ? Parce qu'il n'y a dans son aura aucune once de peur ou de victimisation. Cela est dû au fait qu'il est entraîné à se défendre et à attaquer en cas de besoin. Un bourreau ne s'y intéressera pas car le bourreau cherche inconsciemment une victime.

Votre vibration attire toutes les situations correspondantes, que vous le vouliez ou non.

Maintenant, ne prenez pas ce concept comme une mauvaise nouvelle. C'est plutôt une bonne nouvelle ! Prenez conscience que si vous avez créé une vie désastreuse, cela veut dire que vous pouvez tout aussi bien changer cela pour créer une vie extraordinaire.

Vous avez le plein pouvoir car si vos pensées et vos fréquences vibratoires ont créé ce présent, alors vos pensées et fréquences vibratoires du présent vont créer votre futur.

Assumez la pleine responsabilité pour tout ce qui arrive dans votre vie et tout va nettement s'améliorer.

179. N'appelez pas les problèmes des problèmes

Chaque mot génère une pensée précise dans votre cerveau et donc un état d'être global. Le mot « problème » est certainement rattaché à des souvenirs négatifs dans votre mémoire. Le fait de dire ou de penser que vous avez un problème vous place dans un état vibratoire bas. Ceci n'aide pas du tout à surmonter ledit problème.

Je vous propose d'appeler cela autrement. Plusieurs possibilités s'offrent à vous. Au lieu de dire « j'ai un problème », dites plutôt :

1. **J'ai une situation.** Le mot situation est plus doux que problème. Il dit inconsciemment à votre inconscient : « Voici ce qu'il en est, que peut-on faire ? »

2. **J'ai un challenge.** Le mot challenge est encore plus haut en vibration que le mot situation. C'est un mot excitant. Il donne envie d'établir un nouveau record à votre être intérieur. Le mot défi passe bien aussi car c'est son équivalent français. Il vous donne de l'énergie contrairement à « problème » qui vous en enlève.

3. **J'ai une opportunité !** Alors ça, c'est le summum ! Peut-être difficile à dire lorsque vous êtes en pleine crise. Pourtant, essayez un jour, simplement pour voir ce que cela fait. Voir un problème comme une opportunité est une chose grandiose. C'est la meilleure des trois options car cela dit à votre inconscient que ce qui vous arrive est positif et qu'il ne faut surtout pas passer à côté ! Vous allez ainsi convaincre votre cerveau de trouver du positif dans la situation présente. Si vous déclarez haut et fort que vous vous trouvez devant une opportunité, votre inconscient va retourner cette situation à votre avantage, et vous prendrez des décisions que jamais vous n'auriez prises si vous aviez déclaré être devant un « problème ».

Ceci est une technique extrêmement intéressante et stimulante. Bannissez complètement le mot problème de votre vocabulaire.

À partir d'aujourd'hui, vous n'aurez plus aucun problème, vous aurez des situations, des challenges et des opportunités.

180. Les gens qui réussissent sont toujours prêts à faire ce que les autres pensent être pénible

Êtes-vous prêt à retrousser vos manches ? À plonger vos mains dans le cambouis ? À transpirer à grosses gouttes et à prendre des risques ?

Si oui, alors vous avez une attitude de gagnant.

Si au contraire, vous n'aimez pas vous « salir les mains » et que vous n'êtes pas prêt à faire le sale boulot, vous n'avez pas une attitude de leader.

Un leader dirige par le front, il montre l'exemple. Les gens qui réussissent sont en première ligne, ils osent.

Je peux deviner dans un groupe qui est meneur et qui ne l'est pas. Simplement en regardant l'attitude des personnes qui le composent. Qui parle ? Qui prend de vraies décisions ? Qui ose faire ceci ou cela ? Qui se montre et parle ouvertement en public ?

Et vous ? Faites-vous partie des meneurs ou des suiveurs ?

La plupart du temps, dans un groupe de personnes, ce sont les meneurs qui réussissent le mieux leur vie.

Si vous vous considérez comme trop bon pour avoir à faire les sales besognes vous-même, c'est que vous vous sentez supérieur aux autres.

Il y a des tâches difficiles à accomplir ? Faites-les vous-même.

Des choses lourdes à porter ? Faites-le vous-même.

Un tas de paperasse à ranger ? Faites-le vous-même.

Des toilettes à déboucher ? Prenez des gants, mettez un masque et **faites-le vous-même**.

Les gens vous respecteront davantage.

Et surtout, on n'est jamais mieux servi que par soi-même. Donnez tout ce que vous pouvez pour accomplir votre rêve. Les choses dans la vie, et plus particulièrement dans les affaires et pour la réussite, ne se font pas toute seules ; vous devez les faire vous-même.

Les gens qui réussissent font en sorte que ce qui doit être fait le soit. Et s'il le faut, ils font eux-mêmes. Ils ne comptent pas sur les autres. Soyez toujours prêt à faire ce que les autres pensent être pénible.

181. Nous ne chantons pas parce que nous sommes heureux

Il y a une expression qui dit : « Nous ne chantons pas parce que nous sommes heureux, nous sommes heureux parce que nous chantons. »

Ce que ce concept explique c'est que parfois, selon notre humeur intérieure, nous adoptons telle ou telle attitude. Par exemple, nous sifflons ou chantons lorsque nous sommes heureux. Cependant, l'inverse est également vrai. Si vous vous comportez comme vous le faites quand vous êtes heureux, vous serez heureux.

Si vous êtes de mauvaise humeur et que vous vous forcez à chanter comme si vous étiez content, vous allez petit à petit le devenir.

Observez comment vous vous comportez quand vous vous sentez bien. Votre posture, votre façon de respirer, de parler etc. Ce sont pour la plupart des attitudes totalement inconscientes. Il faudra donc les observer avec discernement.

Ensuite, reproduisez ces choses quand ça va mal. Par exemple vous pourriez redresser vos épaules vers l'arrière, marcher plus vite, respirer mieux, rire et sourire. Ces actions vont changer votre état d'esprit et améliorer votre état d'être.

Pourquoi ?

Parce que ces attitudes sont reliées, dans votre cerveau, aux circuits neuronaux du bien-être. Le fait de les adopter va activer les chemins d'énergie du bonheur dans votre mental et tout votre corps.

Cela fonctionne réellement dans les deux sens. Le fait d'être heureux va vous faire redresser le dos, chanter etc. L'inverse est également vrai : le fait de redresser le dos et chanter va vous rendre heureux. Alors pourquoi attendre ? Vous avez des outils tout simples à portée de main pour vous sentir mieux. **Utilisez-les**.

Souvenez-vous que nous ne chantons pas parce que nous sommes heureux, mais que nous sommes heureux parce que nous chantons.

182. Habillez-vous pour le succès

Vous connaissez certainement le dicton « L'habit ne fait pas le moine. » Mais ceci est une semi-vérité. Saviez-vous que cette phrase est incomplète ? En réalité elle dit : « L'habit ne fait pas le moine mais permet tout de même d'entrer dans le monastère. »

N'est-ce pas intéressant d'avoir la totalité d'un enseignement ?

Évidemment, l'habit ne fait pas le moine. Il est vrai qu'il ne faut pas se fier aux apparences et qu'un autre homme peut se cacher derrière des vêtements, nous savons cela.

Mais n'est-il pas également vrai que nous vivons dans une société dans laquelle les apparences comptent ? Peut-être qu'elles ne comptent pas pour vous mais, franchement, nous devons admettre qu'elles comptent pour beaucoup de gens, même si c'est inconscient.

Certaines de vos tenues vous permettent d'entrer dans une salle de sport mais vous empêchent d'entrer dans une soirée mondaine.

Ce qui explique l'intérêt de s'habiller correctement, ne serait-ce que pour pouvoir entrer dans des lieux qui seraient profitables à votre succès.

Mais il y a une autre raison qui fait que vous devez songer à vous habiller pour le succès, et elle est encore plus importante. Vos vêtements agissent sur votre façon de penser.

Parfois vous n'avez pas envie d'aller à la salle de sport, mais dès que vous avez enfilé vos vêtements, vous vous sentez comme un guerrier et l'envie arrive parce que cette tenue impacte vos pensées.

Il en va de même avec la réussite. Vous vous sentirez beaucoup plus sérieux et vous vous comporterez plus sérieusement lors d'une réunion d'affaires si vous êtes en smoking plutôt qu'en short et t-shirt.

Vos vêtements agissent sur vos pensées et donc sur comment vous vous sentez. Plus vous serez habillé comme quelqu'un qui réussit et plus vous aurez l'attitude de quelqu'un qui réussit. Vous savez maintenant que votre attitude est très importante pour vous garantir le succès.

Vous trouverez sur internet des tas d'informations sur les habits de business. En gros, habillez-vous comme si vous alliez à un mariage, costume et cravate pour les hommes, tailleur et chaussures à talons pour les femmes. Enfilez cela même si vous travaillez de chez vous. Habillez-vous pour le succès et sentez-vous bien ainsi.

183. Les meilleures choses arriveront toujours lorsque vous vous y attendrez le moins

Pourquoi les meilleures choses devraient-elles vous arriver lorsque vous vous y attendez le moins ?

Parce que vous êtes alors dans le lâcher-prise. Quand vous ne vous y attendez pas, c'est peut-être que vous avez déjà mis en place des actions pour votre but et que maintenant vous êtes dans l'étape d'attente de la manifestation. Et peut-être même que vous avez oublié votre rêve.

À ce moment-là, il n'y a aucune résistance en vous, pas de peur ou d'impatience et aucun doute.

Alors, tout coule tranquillement ; l'énergie circule bien à l'intérieur et à l'extérieur de vous.

Convaincu de cela, vous devriez chercher à atteindre cet état le plus vite possible. Définissez votre but, mettez tout en œuvre pour y parvenir (en termes d'actions concrètes) puis relâchez la pression. Revenez le plus vite possible dans le lâcher-prise. Et vous pouvez ressentir cet état intérieur même si vous travaillez à la réalisation de l'objectif.

Vous serez peut-être surpris de voir la matérialisation de votre rêve à ce moment précis car vous ne vous y attendiez pas. Mais la surprise ne sera sans doute pas si importante que cela car vous l'aurez provoquée des jours, des semaines ou des mois auparavant.

Cherchez l'état de lâcher-prise le plus rapidement possible.

184. En réalité, ce n'est pas la chose à laquelle vous pensez qui est attirée vers vous

Nous avons vu, au fil de ce livre, que divers concepts pratiqués par différentes personnalités à succès expriment la même idée : la pensée attire à soi le succès.

Mais de grands spécialistes de la loi d'attraction sont arrivés à certains constats, à force d'essais et d'erreurs. Nous n'attirons pas précisément l'objet de nos pensées dans notre réalité. Très souvent nous attirons une situation qui ressemble à celle que nous avions envisagée, mais ce n'est pas exactement la même. Ou alors il se peut aussi que nous focalisions sur un objectif durant une longue période de temps et que cela ne vienne tout simplement jamais...

Pourquoi ?

Et bien en réalité, vous n'attirez pas l'objet qui correspond à l'image que vous avez mentalement construite mais plutôt l'émotion que vous ressentiez pendant que vous pensiez à cela.

Très souvent, il arrive une situation similaire à l'objet de votre pensée, tout simplement parce que l'univers a pris en compte la vibration que vous étiez en train d'émettre avec votre corps (émotions), pas l'image précise. Par conséquent, si toutes les personnes qui ont réussi vous invitent à penser aux choses que vous voulez au moyen de représentations diverses, c'est juste pour que vous puissiez atteindre l'état vibratoire qui leur correspond. Ce sont donc vos émotions qui font vibrer votre corps et activent la loi d'attraction.

C'est également pour cette raison que parfois ça ne fonctionne pas, parce que vous pensez à quelque chose mais vous n'êtes pas dans l'état où vous seriez si vous étiez en possession de cette chose. Vous ne l'obtiendrez donc jamais. Nous pouvons alors en déduire que l'image mentale n'est pas si importante que cela, tant que vous arrivez à être dans le même état émotionnel que celui ressenti lorsque vous avez atteint votre but. D'ailleurs tous les enseignements sur la loi d'attraction disent cela : « vous devez faire comme si vous l'aviez déjà », en réalité cela veut dire sentez-vous comme si vous l'aviez déjà.

C'est effectivement la façon dont vous vous sentez qui attire à vous d'autres événements, circonstances et personnes qui vous font ressentir les mêmes émotions.

185. Amplifiez les émotions positives et réduisez les émotions négatives grâce aux mots

Je pense que dans votre vie, vous aimeriez davantage d'émotions positives et moins d'émotions négatives, n'est-ce pas ?
Sachez qu'il y a une technique toute simple pour cela.

Utilisez la puissance des mots.

Les mots que vous dites à voix haute ont une influence sur comment vous vous sentez. Quand vous avez un « problème », que vous devriez maintenant appeler « situation », « challenge » ou « opportunité » si vous avez lu le concept n°179, et que vous en parlez à tout bout de champ, à tout le monde, en le présentant bien comme un problème, vous lui apportez de l'énergie et cela ne fait qu'amplifier votre mal-être.

Voici comment changer toute votre vie, grâce à ce que vous dites...

Lorsque vous avez un « gros problème », dites plutôt « j'ai un petit souci ou un petit truc qui m'embête légèrement ». Quand vous vous sentez extrêmement mal, dites « je ne me sens pas très bien ou je ne me sens pas au top ».
À chaque fois que quelque chose de « négatif » vous arrive, réduisez son importance dans votre esprit et dans celui de votre entourage. Enlevez-lui de la force en atteignant votre esprit et votre corps avec des mots plus doux.

À l'inverse, quand une bonne chose arrive dans votre vie, dites « ceci est extraordinaire » et faites la fête comme si vous aviez gagné au loto ! Utilisez des grands mots pour les petites choses positives, faites-les exploser dans votre vie. Les gens diront peut-être qu'il vous en faut peu pour être heureux. Mais oui ! C'est exactement cela et c'est tant mieux. Vous vous sentez assez bien ? Ne le cachez pas et dites que vous vous sentez super bien ! Devinez ce que cela provoquera ? Vous vous sentirez encore mieux.

Cela est vraiment un processus magique et tellement puissant lorsque vous le faites sur une longue durée. Au début ça n'aura pas beaucoup d'impact sur vous, mais après des semaines...vous m'en direz des nouvelles.
S'il vous plaît, faites-le sur un mois ou plus. Chaque jour. Et contactez-moi par e-mail ou sur les réseaux sociaux pour me dire ce que cela a changé dans votre vie. Je serais tellement heureux de connaître le résultat positif de cette pratique dans votre existence. C'est le plus grand retour que vous puissiez me

faire. C'est pour moi bien plus intense que l'argent que j'aurai récolté en vendant le livre. D'ailleurs, je vous le demande pour ce concept, mais c'est valable pour les autres. Appliquez-les concrètement et racontez-moi ce qui a changé, en positif, dans votre vie !

186. Il est bon d'avoir un rêve, mais vous ne devez pas vivre dans un monde de rêves

Comme nous l'avons vu à plusieurs reprises, il est important d'avoir des rêves et la croyance que vous allez les réaliser. C'est un moteur, une locomotive qui fait avancer tout le reste de votre vie.

Cependant, vous ne devez pas vivre dans un monde de rêves. Une autre façon de le dire, c'est fuir la réalité du moment présent, avoir tout le temps la tête dans les nuages en pensant à votre rêve et en oubliant les gens qui vous entourent.

Cela revient à dire de rêver tout en ayant les pieds bien ancrés sur terre. Les gens qui n'ont pas les pieds sur terre et qui vivent dans un monde de rêves sont ceux qui attendent de gagner au loto. Ces gens-là ne font que rêver et ne vivent pas dans le monde physique car ils ne font rien de spécial pour atteindre leurs rêves (mis-à-part compléter des grilles). Rien de mal à jouer des grilles de loto, vous pouvez le faire, ça m'arrive aussi de temps en temps, pour le plaisir. Mais vous ne devez pas y placer tous vos espoirs.

Vous pouvez, bien évidemment, vivre des moments de rêve total, vous laisser enchanter en allant à Disneyland ou même rester allongé durant des heures à imaginer ce que serait une vie comblée. Si votre rêve, c'est simplement de vivre des moments de ce genre, alors très bien, continuez à le faire. Mais pour ce qui est de la réussite, car c'est le sujet de ce livre, il faut être bien ancré dans le sol. L'argent et la réussite matérielle nécessitent des actions et une forte présence dans la matière.

187. Une plante grandit ou meurt

Une plante ou une fleur est soit en train de grandir soit en train de mourir ; elle ne stagne jamais. **La stagnation n'existe pas dans la nature.**

En tant qu'être humain, nous sommes également des êtres de la nature et nous devrions donc suivre le même principe.

La plupart des gens grandissent intellectuellement durant l'enfance et le temps de leurs études. Ensuite, ils estiment qu'ils savent tout parce qu'ils ont appris ce qu'ils jugeaient nécessaire et utile. À partir de ce moment-là, ils arrêtent d'apprendre et de grandir intérieurement.

En agissant ainsi, ils sont en train de mourir, tout comme la plante qui arrête de grandir. Elle ne stagne pas, elle commence à mourir.

Vous pensez stagner dans votre vie ?

C'est faux, la stagnation n'existe pas dans votre esprit. Si vous n'êtes pas en train de nourrir votre esprit de choses positives, qui lui font du bien, il se détériore petit-à-petit et s'amoindrit.

Si vous voulez éviter l'atrophie mentale et je dirais même l'atrophie de votre vie en général, j'entends par là une vie de métro, boulot, dodo, il va falloir grandir à chaque instant. Apprenez de nouvelles compétences, une nouvelle langue étrangère, apprenez à jouer d'un instrument de musique, obtenez un nouveau diplôme etc.

Grandissez intellectuellement tout au long de votre vie.

Ayez également un rêve vers lequel vous diriger car sans une destination à atteindre, n'importe quel bateau s'échouerait. Il faut utiliser efficacement le gouvernail d'un bateau vers le but et maintenir la destination. Si vous lâchez le gouvernail, le bateau ira n'importe où. Il faut que vous ayez une destination dans votre vie, sinon vous allez vous échouer également ; votre esprit vagabondera n'importe où.

Lorsque vous aurez atteint votre rêve, fixez-en un autre. Ne tombez pas non plus dans le piège d'être sans cesse à la recherche d'un but extérieur pour combler un vide. Soyez heureux, maintenant, tout de suite, avec ce que vous avez. Mais ne soyez pas satisfait au point de ne pas prévoir un nouvel objectif. Sinon, à un moment ou à un autre, vous n'aurez plus de raison de vous lever chaque matin.

Dans la vie, vous ne stagnez pas, soit vous êtes en train de grandir, soit vous êtes en train de mourir.

188. Les gens qui réussissent ne sont pas des gens sans problèmes

Vous pourriez croire, à tort, que les gens qui réussissent sont tous nés sous une bonne étoile. En effet, quand on regarde de l'extérieur, leur vie peut paraître absolument parfaite et sans problèmes. Mais en réalité, les gens qui réussissent ne sont pas des gens sans problèmes, ce sont des gens qui surmontent leurs problèmes.

Les gens qui ne réussissent pas restent bloqués devant un problème pendant des semaines, des mois, voire des années. C'est pour cela que les problèmes se voient car ils restent présents. Ces personnes en parlent et y pensent tout le temps.

Les gens qui réussissent cherchent et trouvent des moyens pour surmonter ou contourner les situations difficiles. Ils ne se laissent pas abattre, ce sont des gagnants toujours prêts à lutter.

N'ayez pas peur de devoir affronter les problèmes. Il y en aura toujours. Mais comme vous avez lu le concept n°179, vous savez que ce ne sont pas des problèmes. Une autre façon d'appeler les moments où tout va mal, c'est de dire « les jours de pluie ». Il y a toujours des beaux jours et des jours de pluie sur le plan de la météo. C'est la même chose dans la vie. Vous pouvez atteindre tous les objectifs que vous vous fixez, et puis, un jour, la pluie arrive à nouveau. Les jours de pluie sont bons, ils rafraichissent, ils arrosent les terres pour permettre aux plantes de grandir. La pluie est un petit peu ennuyeuse pour notre confort mais il existe des parapluies. Et la patience permet également d'attendre que la pluie passe...

Apprenez à accepter les obstacles, à rester fort et à toujours trouver des solutions pour les surmonter car cela arrive absolument à tout le monde.

189. La définition d'une prise de décision

Voici une façon intéressante de définir une prise de décision
en quatre étapes.

<u>Premièrement</u> : définir ce que vous ne voulez pas ou plus.

<u>Deuxièmement</u> : tourner le dos à ce que vous ne voulez pas ou plus.

<u>Troisièmement</u> : définir ce que vous voulez vraiment.

<u>Quatrièmement</u> : dire « je vais le faire, un point c'est tout ».

1. **Définir ce que vous ne voulez pas ou plus :** C'est un point qui semble logique mais que nous pouvons oublier de faire. Définir clairement ce que vous ne voulez pas ou que vous ne voulez plus est une étape essentielle pour vraiment savoir ce que vous voulez.

2. **Tourner le dos à ce que vous ne voulez pas ou plus :** Une fois que vous avez passé l'étape une, il faut arrêter d'y penser. Si vous continuez juste à dire que vous ne voulez plus ceci ou cela, vous y penserez toujours et vous y apporterez de l'énergie. Ce qui continuera d'attirer ces choses que vous ne voulez pas. Tourner le dos à cela, veut dire : « OK, maintenant que je sais ce que je ne veux pas, je vais arrêter d'y penser. »

3. **Définir ce que vous voulez vraiment :** Maintenant vient le moment où vous clarifiez nettement ce que vous voulez. Une fois les deux étapes précédentes passées, il y a de fortes chances pour que ce que vous vouliez soit à peu près l'inverse de ce que vous ne voulez pas ou plus. Mais pas forcément.

4. **Dire « je vais le faire un point c'est tout » :** Affirmer « je vais le faire, un point c'est tout » est très puissant, parce que vous dites à votre inconscient et aux gens qui vous entourent que vous allez tout faire pour atteindre votre objectif.

En respectant ces quatre étapes, lorsque vous arrivez à la dernière, vous serez libéré mentalement.

Votre inconscient aura fait tout le travail de libération par rapport à ce que vous ne voulez pas ou plus. Il saura que maintenant le passé est passé et qu'il ne vous reste qu'une seule et unique chose à faire : focaliser sur ce que vous voulez vraiment.

190. Agissez dans les 48h après une prise de décision

Dans le concept précédent, vous avez appris une méthode pour prendre une décision.

Maintenant que vous savez le faire, il faut que vous sachiez qu'il est primordial d'entrer dans l'action dans les 48h après un engagement. C'est-à-dire que vous devez faire une action immédiatement après avoir décidé de faire quelque chose. Pas n'importe quelle action, une action qui va dans le sens de votre décision.

C'est comme une façon de valider votre engagement. Cela sert à prouver, à vous-même, à l'univers et aux autres, que vous avez réellement pris une décision et que vous êtes déjà en train de l'appliquer.

Voyez la prise de décision mentale comme un document administratif que vous avez imprimé. Et voyez l'action que vous faites dans les 48h comme la signature ou le tampon mis sur le document et qui valide effectivement votre prise de décision.

Si vous ne le faites pas, ce n'est que du vent pour l'extérieur et surtout pour vous-mêmes.

Des paroles ne sont que des paroles. Tout le monde peut faire des promesses en l'air.

Les gens qui ne réussissent pas font des promesses en l'air. Les gens qui posent des actes réussissent, vont au bout des choses et montrent des vrais résultats. Prouvez à votre inconscient que vous êtes une personne de confiance en agissant dans ces 48h.

Cela peut être une toute petite action. Si, par exemple, votre décision est de déménager, l'action en question n'est pas nécessairement d'envoyer votre préavis à votre propriétaire. Mais ne serait-ce que regarder les annonces sur internet pour voir les prix actuels de l'immobilier.

Faites une petite action dans les 48h de votre prise de décision pour ne pas partir en spirale descendante. Par spirale descendante j'entends « oh, je le ferai plus tard », « mince, là je n'ai pas le temps », « en fait, je pense que je vais changer d'avis » ; toutes ces pensées qui arrivent lorsque les jours passent. Vous le savez très bien... Si vous ne le faites pas aujourd'hui, vous ne le ferez plus dans 95% des cas. Entrez tout de suite en action dès que vous avez pris une décision, aussi petite soit l'action.

191. Dans la vie, soit vous pouvez modifier quelque chose, soit vous devez l'accepter

J'ai eu la chance de recevoir cet enseignement très tôt dans ma vie. Ce concept m'a été donné par ma professeure en sophrologie lorsque j'avais tout juste dix-neuf ans. Et je dois avouer qu'il m'a aidé dans de nombreuses situations. Je l'utilise encore aujourd'hui.

« Dans la vie, soit on peut modifier quelque chose soit on doit l'accepter. »

La vie n'est pas plus compliquée que cela.
Croyez-moi, lorsque vous utilisez ce concept, cela vous évite bien des maux de tête.

Une situation ne vous convient pas ?
Changez-là. Changez quelque chose afin que la situation vous convienne davantage.
Vous ne pouvez pas ? Vous ne pouvez vraiment rien y faire ni rien modifier ?
Très bien, alors acceptez-la. Acceptez la situation telle qu'elle est, et détendez-vous...

Eh bien oui, que pouvez-vous y faire ? Soit vous avez le pouvoir de la changer, soit vous ne l'avez pas. Et dans ce dernier cas, inutile de résister. Vous vous ferez du mal à vous-même en vous opposant à ce que vous ne pouvez pas changer.

Mais rassurez-vous, dans la plupart des cas, vous pourrez changer votre situation (en faisant parfois de grands changements). Mais dans les cas où vous êtes impuissant, détendez-vous car cela doit être ainsi. Vous pouvez peut-être ne pas aimer cela, ne pas être d'accord et ne pas comprendre pourquoi c'est ainsi. Mais il y a une raison qui, peut-être, vous dépasse à ce moment précis de votre vie. Vous comprendrez plus tard. Vous ne savez pas ce que vous ne savez pas. Peut-être que cette situation, déplaisante aujourd'hui, aboutira à quelque chose d'extrêmement positif.

Ne vous prenez pas la tête dans les situations ou vous êtes sûr et certain que vous ne pouvez rien y faire, acceptez-les.

192. Le libre arbitre des autres

Vous pouvez être, faire et avoir tout ce que vous voulez dans votre vie. Enfin... presque tout. En fait, vous pourriez être faire et avoir absolument tout ce que vous voulez si vous étiez le seul être humain sur cette planète. Or, ce n'est pas le cas.

Il y a les autres personnes et chacun possède son libre arbitre. Alors à partir de cette loi universelle, vous pouvez être, faire et avoir ce que vous voulez tant que cela n'atteint pas le libre arbitre des autres.

Exemple simple : vous voulez une maison, mais une famille en est déjà propriétaire et l'habite. Vous ne pouvez donc pas acquérir cette maison, car leur libre arbitre entre en jeu. Vous ne pouvez alors rien y faire et devez de toute évidence accepter la situation pour les raisons énoncées précédemment.

Un autre exemple assez répandu : vous êtes amoureux(euse) d'une personne, mais elle, pas du tout. Vous ressentez du rejet. C'est difficile à accepter émotionnellement, mais là encore, plus vite vous l'accepterez, plus vite vous oublierez cette personne. Et même si cela doit prendre du temps, commencez tout-de-suite car, quoi qu'il arrive, il ne se passera rien avec cette personne. Autant faire cesser la souffrance immédiatement car vous ne pouvez pas agir sur son libre arbitre.

Je pourrais multiplier les exemples, dans les différentes sphères de votre vie, y compris les affaires, la réussite, l'argent, etc.

La loi du libre arbitre est omniprésente pour chaque personne. Sachez donc qu'elle est là et acceptez-la. Vous pouvez donc être, faire et avoir tout ce que vous voulez, tant que cela ne va pas à l'encontre du libre arbitre des autres humains.

193. La magie, la prière et l'action de Dieu

Dans le passé, des personnes **sortant du commun des mortels** arrivaient à obtenir des choses dans leur vie de façon très mystique grâce à la magie, aux prières ou à l'action de grâce de Dieu.

Aujourd'hui, des personnes **sortant du commun des mortels** arrivent à obtenir des choses dans leur vie de façon très mystique, par la loi d'attraction, à partir des pensées et vibrations qu'elles émettent.

Dans le futur, des personnes **faisant partie du commun des mortels** arriveront à obtenir des choses dans leur vie, de façon scientifiquement prouvée grâce à leur biologie.

Ne prenez pas trop au sérieux le paragraphe précédent car les trois choses sont reliées. Le point que je veux mettre en lumière dans ce concept est le suivant. Nous avons des témoignages du passé relatant des manifestations assez surprenantes, incroyables et surréalistes, produites par des êtres humains aux quatre coins du monde ; des choses qui sont encore aujourd'hui totalement inexpliquées par la science. Que ce soit des guérisons miraculeuses grâce à des incantations ou des croyances, des changements radicaux dans la vie de gens qui ont pratiqué certains rituels magiques ou bien d'autres choses encore.

Aujourd'hui, lorsqu'on regarde de plus près différents procédés comme la magie ou les prières, on se rend compte que la façon dont les gens font ces choses ressemble fortement aux techniques de la loi d'attraction et au pouvoir de la pensée, comme le suggèrent plusieurs personnalités citées précédemment. On pourrait donc se dire qu'en fait, les actions qu'effectuaient ces gens qu'on qualifiait de « hors du commun » étaient simplement une manière d'activer la loi d'attraction ainsi que les différents concepts utiles à toute réussite.

Nous pourrions alors imaginer un futur dans lequel tout cela serait expliqué scientifiquement et utilisé par chacun d'entre nous pour se faciliter la vie. Grâce à la neuroscience et à la biologie, nous commençons à découvrir que notre corps est fait de particules électriques, d'ondes, de fréquences et nous savons, preuves à l'appui, que ces éléments nous constituant agissent sur le monde qui nous entoure. La physique quantique montre également que toute chose (objets, plantes, matériaux pouvant être utilisés dans un rituel magique) vibre à sa propre fréquence. Étant donné qu'une fréquence attire à elle une vibration correspondante, cela explique pourquoi certains grigris, talismans et autres porte-bonheur pourraient effectivement attirer une forme d'énergie en retour.

Cette vision efface peut-être le côté magique de la vie et remet en question certaines croyances spirituelles mais ne serait-ce pas tellement agréable de pouvoir clairement utiliser ces forces, pour l'instant invisibles, afin de manifester la vie que vous voulez ?

194. Ceux qui réussissent sont ceux qui ont le plus échoué

Ce concept vous surprend ?

C'est pourtant la vérité.

Réfléchissez bien… Regardez le passé des personnes qui ont du succès. Ont-elles réussi du premier coup ? Ont-elles accompli, en une semaine, la grande réussite qu'elles avaient décidé d'atteindre un matin au réveil ?

Non ! Aucune d'entre elles n'a réussi du jour au lendemain. Et je ne parle pas des gens qui ont gagné au loto car ce n'est pas ce que j'entends quand je parle de réussite.

Aucun succès n'est le fruit du hasard. La réussite n'arrive pas toute seule.

Ceux qui ont réussi ont d'abord échoué un bon nombre de fois. Ils ont fait plusieurs tentatives et, à force d'essais et d'erreurs, ils ont réussi.

Ils ont certainement échoué plus souvent que vous car ils ont multiplié les essais encore et encore et encore… Mais ils se sont toujours relevés et ont recommencé.

On peut dire que les gens qui réussissent sont, finalement, ceux qui ont le plus échoué et c'est grâce à leurs échecs qu'ils ont fini par réussir. Si vous vous lamentez d'avoir essayé quatre fois et d'avoir à chaque fois échoué, pensez aux personnes qui sont au sommet de la gloire, qui ont vraiment réussi, et dites-vous qu'elles ont échoué non pas quatre, non pas quarante, mais quatre-cents fois ! Et peut-être même quatre-mille fois avant de réussir !

Pensez à Thomas Edison qui a échoué dix-mille fois avant de faire briller correctement la première lampe à incandescence… Pensez-vous qu'il s'est lamenté au bout de sa quatrième tentative ? Je ne crois pas, sinon il ne serait jamais arrivé à la dix-millième. Je doute même qu'il se soit lamenté l'avant dernière fois…

Par conséquent, ce qui suit est très important :

Si les gens qui réussissent sont ceux qui ont le plus échoué, que devez-vous faire ?

Échouer le plus souvent possible… Car plus vous échouerez et plus vous vous rapprocherez du moment de la réussite.

195. Le mythe de la vie équilibrée

Quelle est la vie idéale pour la plupart des gens ?

Avoir une bonne santé, être aimé par au moins une personne, avoir un bon travail et suffisamment d'argent. C'est ce qu'on appelle une vie équilibrée. Pour certains, c'est le Saint Graal à atteindre et ils ne seront jamais totalement épanouis s'ils ne l'atteignent pas.

Cette vie équilibrée est un mythe.

Vous ne pouvez pas avoir une vie équilibrée, tout le temps. Il y aura toujours l'une ou l'autre sphère de votre vie qui ne sera pas comblée. Pourquoi ? Parce que vous n'avez qu'un seul cerveau et que si vous accordez des pensées et de l'attention sur un point de votre vie, forcément vous n'en accordez pas sur un autre.

Par ailleurs, pour ceux parmi vous qui souhaitent réussir (toutes les personnes qui lisent ce livre, je suppose), soyons honnête, vous ne pouvez pas avoir une grande réussite si vous mettez de l'attention un peu sur votre carrière, un peu sur votre couple, un peu sur vos enfants, un peu sur vos loisirs, un peu sur votre santé, un peu sur votre vie spirituelle etc. C'est un mythe.

Encore une fois, demandez aux personnes les plus riches de cette planète si elles ont toujours porté leur attention sur tous les aspects de leur vie simultanément. Elles vous répondront toutes qu'à un moment de leur existence, durant quelques mois ou quelques années, elles ont mis des œillères et n'ont focalisé que sur leur affaire. Elles ne se sont peut-être pas diverties pendant six mois. Elles n'ont peut-être vu leurs enfants que deux heures par semaine pendant quatre ans. Elles ont peut-être négligé leur corps en mangeant n'importe quoi et en ne pratiquant aucun sport. Elles ne se sont peut-être pas bien occupées de leur couple (demandez à leur conjoint ou conjointe) ... Si vous n'êtes pas prêt à mettre de côté **pour un temps** vos relations, votre santé ou encore vos loisirs pour vous consacrer à votre réussite, alors oubliez le grand succès. Mais ne vous plaignez pas car c'est votre choix ; il n'y a rien de mal à cela. Vous êtes une personne tout aussi honorable que vous mettiez de l'attention et du temps dans chaque sphère de votre vie ou que vous laissiez tout de côté au profit d'une grande réussite. Vous êtes libre de choisir la vie que vous voulez mener.

On ne peut pas avoir du succès sur tous les plans de notre vie en même temps. Si, disons durant cinq ans, vous focalisez sur les affaires puis vous revenez auprès de votre famille durant cinq ans également, puis vous vous occupez de votre vie spirituelle pendant une même période, etc., cela peut ressembler à une vie déséquilibrée aux yeux de la société. Mais les différentes périodes cumulées vous procurent, au bout du compte, une vie équilibrée. La focalisation crée le succès. Ce qui compte, ce n'est pas ce que vous faites chaque jour. Voyez plus grand car ce qui a réellement de l'importance, c'est que vous puissiez vous dire sur votre lit de mort « j'ai bien vécu et j'ai fait tout ce que je voulais faire ».

196. Faire vraiment la différence entre ce que vous voulez et ce que vous ne voulez pas

J'ai dit et répété au fil de ce livre qu'il était plus que nécessaire de définir clairement ce que vous voulez. Et je vous recommande de le faire par écrit.

Cependant, vous devez bien faire la différence entre ce que vous voulez et ce que vous ne voulez pas, au risque d'attirer dans votre vie encore plus de choses qui vous déplaisent.

En effet, si vous affirmez mentalement, à l'écrit, et à voix haute « je ne veux plus être malade », soyez certain que cela ne va pas marcher. Stoppez cette affirmation tout de suite, car vous allez attirer la maladie à vous comme un aimant.

Pourquoi ?

Qu'est-ce qui ne va pas dans cette affirmation ?

Vous devriez le savoir si vous avez lu **en conscience** chaque concept de ce livre. Sinon vous avez besoin de tout relire.

Vous devenez ou vous obtenez ce à quoi vous pensez le plus souvent. Vos pensées attirent à vous des fréquences similaires à celles que vous émettez. Ceci est prouvé scientifiquement, c'est une certitude. Alors pourquoi ne devez-vous pas dire « je ne veux plus être malade » si vous voulez éviter la maladie ?

Tout simplement parce que cette phrase contient l'idée de maladie. Cette affirmation contient la vibration du mot « malade » et c'est tout. C'est la vibration dominante de votre cerveau au moment où vous y pensez. La négation n'est pas perçue ni par votre inconscient ni par l'univers vibratoire qui vous entoure.

« Je ne veux plus être malade » est ce que **vous ne voulez pas**. Vous devez donc le formuler autrement. « Je veux toujours être en bonne santé » est ce que **vous voulez**.

C'est un point très important à garder à l'esprit pour focaliser correctement sur vos rêves. « Ne plus fumer » est ce que **vous ne voulez pas ;** « être en couple avec quelqu'un qui ne boit pas et qui n'aime pas rester à la maison » est ce **que vous ne voulez pas ;** « je ne veux plus travailler pour un patron » est ce que **vous ne voulez pas.**

Exprimez toujours votre demande en décrivant l'aspect positif ce que vous voulez vraiment ; ce sont les mots que vous avez en tête qui vibrent. Cependant les mots de négation ne vibrent pas.

Définissez ce que vous voulez vraiment.

197. Lisez des biographies et des autobiographies

Pour réussir, nous avons vu dans le tout premier concept de ce livre que vous devez écouter les conseils de personnes qui ont la réussite que vous espérez. A moins que vous puissiez approcher ces personnes et leur poser directement des questions (ce qui est l'idéal), il est conseillé de lire leurs biographies.

Préférez l'autobiographie quand c'est possible, car dans de nombreux cas, les biographies sont écrites par des journalistes ou des auteurs qui ont simplement fait des recherches sur les personnalités dont il est question ou les ont interviewées, puis, ont écrit le livre.

Lire ce genre de récit peut être d'une grande aide car vous pourrez vous inspirer du vécu de la personne en début de carrière, lorsqu'elle était dans votre situation. En effet, rien ne sert d'adopter la façon de penser et d'agir d'un millionnaire alors que vous touchez le S.M.I.C. Vous devez l'imiter à l'époque où ses revenus étaient à peu près équivalents aux vôtres. Peu de gens ont conscience de ce petit détail qui change tout. Les gens imitent la façon de faire de ceux qui réussissent mais ne sont pas au même niveau ; ils échouent donc lamentablement.

Lisez des biographies et des autobiographies pour imiter les gens qui réussissent à l'époque où ils étaient là où vous en êtes.

198. Tous ces concepts marchent si vous les faites marcher

Vous arrivez à la fin de ce livre et je vous en félicite. Maintenant, vous vous demandez peut-être, et c'est légitime, si ces concepts marchent vraiment.

La réponse est oui, ils marchent, à condition que **vous les fassiez marcher.**

Cela veut dire que cela ne se fait pas tout seul. Il ne suffit pas de lire ce livre et de simplement connaître ces concepts pour que votre vie change en un claquement de doigts.

Il ne suffit pas non plus de les mettre en pratique. Il faut les mettre en pratique **le plus souvent** possible et cela **durant une longue période de temps.**

Je ne peux pas vous dire combien de temps vous devez les appliquer avant de voir un réel résultat car cela dépend de vous, votre parcours, votre passé et vos croyances.

Combien de temps cela a pris pour moi ? Certains résultats tangibles financiers se sont miraculeusement produits dans les premiers mois après avoir obtenu ce matériel. Puis d'autres résultats positifs sont arrivés, ici et là, dans les années qui suivirent. Mais les plus gros changements se sont vraiment produits dans les cinq ans après avoir été plongé dans ces concepts régulièrement. Pendant ces cinq ans, il ne s'est pas écoulé une semaine sans que je n'aie pensé et appliqué l'un ou l'autre de ces deux-cents concepts.

Plus vous relirez ce livre et plus vite cela marchera. Plus vous penserez à ces concepts quotidiennement et plus vite cela marchera. Vous pouvez les réécrire de votre propre main pour mieux les internaliser. Vous pouvez également, et je vous le recommande vivement, lire ce livre à voix haute. Plusieurs fois. Vous savez maintenant quelle puissance a votre voix. Je vous conseille aussi d'en parler avec d'autres personnes et ainsi de voir la chose sous un autre angle pour mieux l'intégrer. Je vous recommande également de suivre ma formation en ligne *Lumière D'Avenir La Voie De La Réussite*. J'y développe tous ces concepts et d'autres encore, en vous montrant comment les mettre en pratique concrètement dans votre vie.

199. Les gens qui réussissent ne travaillent pas vraiment, même s'ils sont débordés

Les gens qui réussissent ne travaillent en fait jamais. Même si vous les voyez en train de suer jour et nuit sur leurs business en y passant des heures interminables.

Vous vous demandez comment cela est possible ?

Eh bien, tout est une question de point de vue...

Si vous demandez à l'une de ces personnalités, devenue extrêmement riche grâce à son « travail », si elle n'en n'a pas assez de travailler, savez-vous ce qu'elle vous répond ? Qu'elle ne travaille pas. Elle ne considère pas ce qu'elle fait comme du travail parce que c'est quelque chose qu'elle aime faire.

Toutes les personnes qui ont monté une grosse affaire aiment ce qu'elles font ; c'est une véritable passion. Elles prennent plaisir à se rendre sur leur lieu de travail. Bien que « travaillant » vingt-quatre heures par jour, elles ne s'épuisent pas. Elles aiment tellement ce qu'elles font que cela les énergétise.

Et ne croyez pas qu'elles apprécient ce qu'elles font pour des raisons pécuniaires. C'est l'inverse : elles sont devenues riches parce qu'elles aiment ce qu'elles font. Vous ne deviendrez jamais riche si vous n'aimez pas votre activité professionnelle. Vous ne devez faire qu'un avec cet emploi et l'embrasser totalement au point de pouvoir y rester tout le week-end si vous le pouviez.

Que peut-on tirer de cette observation ? Vous devez pratiquer une activité qui vous passionne pour espérer avoir du succès, mais surtout un succès **durable**. Faites ce que vous aimez. Je sais que ce n'est pas facile. Durant des années je me suis battu pour vivre financièrement d'activités qui me passionnaient. Mais faites tout votre possible pour y arriver. Au moins à temps partiel, ou parallèlement à un emploi à temps plein. Faites-le pendant cinq ans, dix ans s'il le faut. Et même si vous n'arrivez jamais à vivre complètement de vos passions, au moins vous aurez vécu en faisant un minimum ce que vous aimez. C'est toujours mieux que de vivre toute votre vie à faire uniquement des choses que vous n'aimez pas.

Si vous voulez atteindre la réussite, elle doit être obtenue dans un domaine que vous aimez particulièrement.

200. Unissez le corps, le mental et l'âme

Beaucoup de personnes, y compris moi, croient que l'être humain est constitué d'un corps physique, d'un mental qui nous permet de réfléchir (la petite voix qui cause tout le temps dans votre tête) ainsi qu'une âme ; sorte de substance énergétique qui anime notre corps et qui est immortelle.

Je crois, et je ne suis pas le seul à le croire, qu'il faut avoir conscience de ces trois composants et les faire travailler ensemble, à l'unisson, afin de réussir véritablement.

Qu'est-ce que réussir vraiment ? C'est obtenir les choses extérieures que nous désirons tout en ayant le bonheur intérieur. Le bonheur intérieur passe par le bonheur spirituel, c'est-à-dire la paix de votre âme.

Vous pourriez très bien avoir la plus grande réussite du monde, être multimilliardaire, mais n'être pas totalement épanoui, si votre être spirituel n'a pas ce qu'il désire.

Vous pouvez désirer une chose avec votre mental et en vouloir une autre avec votre âme. Il est donc, de mon point de vue, important de savoir écouter votre âme et votre mental. Savoir distinguer les deux pour satisfaire l'un et l'autre.

Facile à dire, je sais. J'entends votre mental dire « mais comment j'écoute mon âme ? Où est-elle ? »

Je n'ai jamais dit que c'était facile, c'est pour cela que j'y ai consacré l'écriture d'un livre entier *12 concepts pour mieux vivre votre spiritualité.*

La façon la plus simple et directe d'entendre votre âme serait de faire taire votre mental. La méditation est une des méthodes les plus simples pour vous reconnecter à votre être intérieur. Mais il y en existe d'autres. Référez-vous au livre cité ci-dessus si vous voulez approfondir ce concept.

Conclusion

Ces deux-cents concepts proviennent des quatre coins du monde, de personnes qui ont accompli de grandes choses dans leur vie. Cependant, en les écrivant, je n'ai pas pu m'empêcher d'y ajouter mon propre point de vue. Ceci est inévitable quand une information passe par le cerveau d'un humain qui le retransmet à sa façon.

Il en est ainsi pour toute information que vous lisez, entendez ou voyez. Soyez-en conscient.

Alors, voici mes recommandations pour tirer au maximum profit de ces enseignements. Afin d'intégrer ces concepts dans votre corps et votre inconscient (ce qui vous apportera les vrais résultats), accomplissez la liste ci-dessous !

- Étudiez toutes les personnes que j'ai citées dans ce livre : leur parcours, leur vie, leur mode de fonctionnement et surtout leur façon de penser
- Lisez tous les livres conseillés dans la bibliographie ci-dessous
- Relisez ce livre du début à la fin plusieurs fois
- Relisez ce livre du début à la fin plusieurs fois à voix haute
- Appliquez ces concepts dans votre vie de tous les jours et cela pendant au moins les trois-cent-soixante-cinq jours qui viennent
- Parlez de ces concepts à d'autres gens et demandez-leur leur avis
- Reformulez ces concepts avec vos propres mots en vous adressant à d'autres personnes. Vous pouvez faire cela à l'écrit ou à l'oral
- Regardez la playlist vidéo de ma chaîne YouTube dans laquelle je reprends tous ces concepts
- Rejoignez le groupe de discussion, afin d'en parler avec d'autres lecteurs (200 concepts pour mieux réussir sur Facebook)
- Rendez-vous sur le site www.lumiere-davenir.com et devenez membre de *La Voie De La Réussite* afin d'approfondir les meilleurs concepts de réussite et de succès.
- Procurez-vous la version audio du livre pour pouvoir les entendre avec vos oreilles encore et encore.
- Lisez tous les articles de blog du site www.mieux-reussir.fr ils parlent tous de ces concepts.

Suivre chacun de ces points approfondira un petit peu plus votre connaissance de ce matériel. Le but est de faire en sorte que ces deux-cents concepts fassent partie de votre ADN pour que vous émettiez ces vibrations vingt-quatre heures sur vingt-quatre, sept jours sur sept, trois-cent-soixante-cinq jours par an. Et pour le faire, la meilleure façon est de passer par toutes les étapes citées ci-dessus.

Ces concepts marchent, mais il faut être patient. Avec la répétition, ces nouvelles manières de penser vont petit à petit supprimer vos croyances limitantes et les pensées qui vous ont fait échouer jusqu'à présent.
Ces concepts marchent si **vous** les faites marcher.

Je vous souhaite beaucoup de réussite, d'amour et de joie pour le restant de votre vie. Lorsque vous aurez enfin tout l'argent que vous voulez et que vous serez propriétaire de votre yacht, pensez à m'envoyer un témoignage accompagné d'une photo. Ou bien invitez-moi pour un week-end de folie à bord de votre nouveau bateau !

Amicalement, Francesco.

Bibliographie

Lisez ces livres encore, encore et encore sans modération. Offrez-en à votre famille ou à vos amis, afin de les aider à progresser vers la réussite et l'accomplissement de leurs rêves. De plus, ces personnes vous entourant, aurons le même type d'attitude positive que vous ! Cela vous fera progresser encore plus vite.

- 12 concepts pour mieux vivre votre spiritualité
- La magie de voir grand
- Rendez-vous au sommet (édit 1995)
- Rendez-vous au sommet (édit 2015 revue et corrigée)
- Demandez et vous recevrez
- La loi de l'attraction – Les clés du secret pour obtenir ce que vous désirez
- Père riche, père pauvre
- Le secret
- Les lois du succès en 16 leçons – Leçons 1 à 4
- Les lois du succès en 16 leçons – Leçons 5 à 8
- Les lois du succès en 16 leçons – Leçons 9 à 12
- Les lois du succès en 16 leçons – Leçons 13 à 17
- Réfléchissez et devenez riche
- La magie de croire
- La puissance de la pensée positive
- Comment se faire des amis et influencer les gens
- Le fonceur
- Pendu par la langue
- Ça fonctionne

Remerciements

Tout d'abord, je tiens à remercier la vie de m'avoir mené sur la route de ces enseignements, car je sais combien de personnes sont malheureusement dans l'ignorance totale à ce sujet.

Merci à Kevin Trudeau qui a rassemblé la plus grande partie de ces concepts au sein du club international, le Global Information Network. Je remercie également tous les membres que j'ai côtoyés et avec qui les échanges étaient inestimables. Kevin, ses enseignements et les personnes qui forment ce club ont amélioré ma vibration à tout jamais.

Merci à Silvana Guisti qui, lorsque j'étais encore mineur, m'a guidé sur le chemin du développement personnel en me faisant découvrir un monde invisible pour beaucoup.

Merci à Annic Mandato, ma très chère mère. Elle m'a porté durant neuf mois. Elle m'a élevé durant 18 ans. Elle m'a soutenu dans toutes mes idées farfelues et m'a aidé à me relever lorsque je suis tombé en tant qu'adulte (à maintes reprises). Elle a totalement accepté mes formes de pensées et d'actions absolument non conventionnelles, malgré les qu'en dira-t-on et cela sans me juger.

Merci à Elodie Mandato, mon épouse. Cela fait presque deux décennies qu'elle me supporte. Elle a accepté mon instabilité tout du long. Elle m'a fait grandir dans les moments lumineux comme dans les moments sombres. Je la remercie pour sa clairvoyance, elle a été très souvent de meilleurs conseils que mes propres pensées.

Pour la réalisation de ce livre, merci à Isabelle Casier pour sa bêta-lecture, sa correction ainsi que pour sa fidélité et sa confiance en mes enseignements malgré mes nombreux doutes. Merci à Célia Teyssier pour la mise en page et les déboires liés à cette lourde tâche ! Merci à mes amis pour leur soutien et leurs avis durant la réalisation de la couverture.

Merci à vous, chers lecteurs de ce livre, du blog mieux-reussir.fr et fidèles élèves de Lumière d'Avenir.

Et pour la première fois de ma vie, je remercie publiquement mes échecs !

Oui, merci à toutes les fois où je me suis cassé la figure. Car comme le dit Napoléon Hill dans les 16 lois du succès, les échecs font partie intégrante du chemin vers la réussite.

Je sais qu'ils me font grandir, car je prends conscience de ce que je ne dois pas faire. Plus j'ai d'échecs, plus je me rapproche du succès.

Je cite encore une fois Thomas Edison en disant :

"Je n'ai pas échoué 10 000 fois, j'ai trouvé avec SUCCÈS 10 000 façons de faire qui ne marchent pas !"